大学eラーニングの経営戦略 成功の条件

吉田 文／田口真奈／中原 淳 編著

TDU 東京電機大学出版局

本書の全部または一部を無断で複写複製（コピー）することは，著作権法上での例外を除き，禁じられています．小局は，著者から複写に係る権利の管理につき委託を受けていますので，本書からの複写を希望される場合は，必ず小局（03-5280-3422）宛ご連絡ください．

はじめに

　社会の諸事情に「e」を付けて表現することが増えてきた。教育であれば「eラーニング」，商業取引であれば「eコマース」，行政分野であれば「eガバメント」といったタームがそれである。この「e」はインターネットを介してそれぞれの活動を行うことを意味している。インターネットを便利な道具として利用している間は，おそらくこうした言葉は必要ないであろう。しかし，インターネットを介したことによって，従来の仕事のやり方や成果の問われ方が異なって，仕事を支える構造が変化する予兆をみたとき，「e」が特別の意味をもつ。

　IT化なりIT革命なりがさほど声高に語られなくなり，いつの間にかメールやネットは日常の片隅にその場を確保している。しかし，「e」の方は，まだ，新鮮味をもって語られているのは，それが，まだ，日常に十分に位置づいていないからであろう。

　本書は，これら「e」のうち日本の大学の「eラーニング」に焦点をあて，いくつかの事例を詳細に検討することで，それを可能とする条件を探ることを目的とする。大学の世界においては，それでも「eラーニング」は比較的馴染みのある言葉である。しかし，それがどこでどのように実施されているのかという基礎情報や，「成功」の類に分類されるeラーニングはどこで行われているのか，何が「成功」の条件なのかなどについては，驚くほど知られていない。「eラーニング」はそれほどに実態を伴っていない言葉であり，また，逆に，それほど関心を引く言葉でもあるのだ。

　本書で扱うeラーニングは，単位認定される授業として行われるものを対象にしており，わが国では最も先進的な事例である。大学の諸活動をIT化していく，すなわちITを便利な道具として利用している段階を超えて，インター

ネットを介して正規の授業を実施するという意味での「eラーニング」に至るには，そこで超えねばならない大きなギャップがある。遠隔教育の伝統をあまりもっていないわが国の場合，eラーニングは遠隔教育が一層効率的で便利になった形態としてみられるのではなく，教室における対面授業と比較して効果があるか否かが問われることが多い。大学設置基準によって単位認定するeラーニングが規定されるとき「対面授業と同等の効果をもつ」ための工夫が必要と特記されたことが，それをよく表しているといってよい。したがって，授業をインターネットで配信し単位認定することに対しては，二の足を踏む大学が多いのである。

それなのになぜあえて単位認定するeラーニングを実施し，一定の成果を出しているのか，その秘訣を探ることは，研究の上でも，eラーニングに興味関心を抱いている大学にとっても有益だと考える。

本書は4部構成となっているが，第Ⅰ部「IT化とeラーニングの概況」に相当する第1章は，わが国の大学がどの程度IT化し，eラーニングをターゲットにしているかを，全国調査の結果をもとに検討したものである。

この鳥瞰図をもとに，第Ⅱ部「国内大学eラーニングの成功事例」における第2章から第6章は，単位化したeラーニング授業を実施している5つの大学の事例分析を行った。具体的には，東京大学，玉川大学，青山学院大学，佐賀大学，東北大学であり，これらを選定したのは国立と私立，東京周辺と地方，大規模と小規模などの要因を考慮した結果である。それぞれの大学には，（1）eラーニングを始めた経緯，（2）コスト，（3）ハード面でのシステム，（4）単位化している科目の内容，（5）実施した結果（教育効果，学習効果），（6）課題と展望を含むことを条件として自由に記述していただいたが，われわれが分析のキーワードとしているのは，「技術」，「コスト」，「教育効果」の3つである。この3点に焦点を絞ったのには訳がある。大学設置基準においてすでに2001年よりeラーニングは制度化され，技術的にもかなり高度なレベルでそれが実施できることが知られているにもかかわらず，実際にはeラーニングを積極的に実施する高等教育機関が増加していない。その理由としては，「技術」に加えて「コスト」，「教育効果」の問題が十分に検証されていないからだと思われるからである。安定した技術で確実に，さほどコストをかけずに，目的と

した教育効果をあげられる教育をどのように提供できるか，この3変数の関係に，eラーニングを実験から実践へと移行させる鍵があると考えたからである。

　個々の機関を少しだけ紹介すれば，東京大学からは，eラーニング・サイト「iii online」を中心に，「eラーニングによる教育と社会サービス」について知ることができる。社会人大学院生を多く抱える東京大学大学院情報学環・学際情報学府が，時間と空間を縛らないかたちで学習機会を提供し，かつ社会サービスの一環として大学の知を公開するためのサイトである。iii onlineの稼働状況の概要や，質問紙調査等の結果，また，運営のための組織づくりやティップスが読み取れるだろう。

　玉川大学には，「個別学習による学力の質の保証」について報告していただいた。教育戦略として全学的なICTの利用に取り組んできた玉川大学であるが，「いつでもどこでも」学習できる教育環境を整備し，対面授業にはないeラーニングならではの学習を目指してきたその導入の経緯や実践例，アンケート調査からみる実態や評価，システムを支える学内環境とスタッフの役割が中心になっている。また新たなラーニング・マネジメント・システム導入のプロセスについても詳しく述べられている。

　青山学院大学は，eラーニングによって既存の「学び」を打破し，「ITによる教育改革」を目指している。ここでは，青山学院大学が中心になって推進してきた2つのeラーニング・プロジェクトで蓄積された成果をもとに，人文系学部や大学院におけるeラーニング実施上の問題点と解決法など，「学生参画型授業の国際展開」について報告されている。

　佐賀大学は，2002年度から全学必修の教養教育をいかに効率的・効果的に実施するかという問題をeラーニングで解決することを目指した。この「全学必修の教養教育の効率化」を目指し，資金が潤沢にない中，直面する多くの問題を知恵と工夫で乗り切ってきた具体的な話は，わが国の大学の典型を見る思いがある。

　15研究科のほか，多数の研究所とセンターをかかえる東北大学。それぞれに目的，eラーニングに対する考え方，対象，講義形態が異なる中，東北大学は，「総合大学における全研究科規模のeラーニング」を実施しようとしている。全研究科規模のeラーニングをどのように統一あるものにしていこうとし

ているのか。2年目を迎えたISTUの運営の具体策を報告してもらった。

　第Ⅲ部の7章と8章は，eラーニングを先行させているアメリカにおいて，それを成功させている要因を探ることを目的として，7章は，日本ではまだあまり汎用性をもっていないeラーニング技術の現状を，8章は，大学組織としてより安定的なeラーニングを提供していく上では何が必要かを分析している。

　第Ⅳ部の9章は，5大学の事例を通して，技術・コスト・教育効果を検証し，わが国のeラーニングがどの段階にあるかを確認している。それをもとに，今後考えていくべき事項や論点を提出した。

　それぞれの章は独立しているため，どの章からも読み始めることができる。eラーニングを可能にする秘訣を探る3つの鍵——技術・コスト・教育効果——がどのように書き込まれているか，それぞれ読みくらべていただきたい。

　このように，eラーニングを成功させる条件を探っていくと，自然とその逆のeラーニングが普及しない要因や支障となっている問題に突き当たる。本書の隠されたもう一つのねらいが，そこにあることを付記しておきたい。

2005年2月

吉　田　　　文

目次

第Ⅰ部　IT化とeラーニングの概況

1章　進むIT化と進まぬeラーニング
1. 日本の大学のIT化は遅れている？　2
2. 大学教育のIT化　4
3. ITによる教育内容の配信　8
4. ITによる授業の配信　11
5. 学内のIT戦略と組織構造　14

第Ⅱ部　国内大学eラーニングの成功事例

2章　eラーニングによる教育と社会サービス──東京大学
1. 情報学環とiii online　23
2. iii online―3つの目標　24
3. iii onlineの概要　27
   ゲスト向けサービス
   学生向けサービス
4. iii onlineの組織　31
   コスト
5. アンケート調査の結果から　33
6. アクセスログの分析から　35
7. 研究の発展　36
8. 実施にあたって困難だった点　37
9. コストとメリットのバランスと将来課題　38

3章　個別学習型eラーニングの実践とシステム評価——玉川大学

1　eラーニング・システム導入の経緯と発展　42
2　システム・スタッフの役割　45
　　学内ネットワーク
　　eラーニング・コース開発支援
3　新たなプラットフォームの選定に向けて　48
　　重視したポイント
　　WebCTとLearningSpaceの比較
4　**Blackboard**と**LearningSpace**の比較　55
　　パイロット授業
　　教員の評価
　　システム責任者の視点からの評価
5　LMS評価の結果と今後の計画　60

4章　産官学のアライアンスによる実践教育と教育国際化を目指すeラーニング——青山学院大学

1　はじめに　66
2　eラーニングの障壁　69
　　大学eラーニングの3大障害
　　3大障害の背景にある日本の高等教育における特殊性
3　eラーニングの「3ない」阻害要因の克服　74
　　コア・メンバー間での共通認識と組織の理解の必要性
　　「サンタクロース」からの卒業
　　「夏休みの宿題」を毎日の宿題にするには
4　**AML**プロジェクトのねらいと研究テーマ　79
　　AMLが目指すeラーニングをトリガーとした教育パラダイム・シフト
　　AMLプロジェクトの研究テーマ
5　**AML**プロジェクト運営のための制度, ヒト, モノ（＋技術開発）, カネ　84
6　プロジェクト活動によるeラーニング正規授業の実践　88
　　eラーニング正規授業の実践事例
　　eラーニング正規授業の学習効果
7　産官学共同研究と教育の国際化を推進するA^2ENプロジェクトの展開　91
8　おわりに　92

5章　eラーニングによる教養教育と生涯学習──佐賀大学

1. **ネット講義をどのように始めたか**　97
    - 時代的背景
    - eラーニングへのプロローグ
    - ネット講義の推進
    - 佐賀大学ネット講義の特徴
    - ネット講義の推進コンセプト
2. **ネット講義実験サイトの構築**　101
    - ミニ講義の収録
    - オーサリング
    - 実験サイトのアンケート調査
3. **ネット講義スタート（2002年度前期）**　103
    - ネット講義科目
    - 講義収録について
    - コンテンツの作成
    - サーバーの配置
    - 講義の維持管理
    - 受講者数と受講状況
4. **ネット講義の状況（2002年度後期）**　108
    - ネット講義科目の増加と受講状況
    - ログイン状態
    - アンケート調査
    - 問題点の把握
5. **2年目を迎えたネット講義（2003年度）**　113
    - ネット講義の改善
    - アンケート調査
6. **ネット講義の新たな展開**　118
7. **生涯学習としての活用**　122
    - ネット講義生涯学習の試行期間と視聴者数
    - 第3回ネット講義生涯学習の実施
    - ネット講義生涯学習の効果
8. **eラーニングへの期待**　126

6章　全学規模による大学院講義のインターネット配信——東北大学

1　はじめに　131
2　ISTU立ち上げ時における課題　132
　　誰を対象とするか？
　　どの配信システムを用いるか？
　　コンテンツに動画を入れるか否か？
　　リアルタイム配信にするか，オンデマンド配信にするか？
　　インターネット講義のみで単位や学位を与えるか？
　　セキュリティは大丈夫か？　著作権はクリア可能か？
3　「大学院教育情報学研究部・教育部」の同時開設　138
4　ISTUにおけるコンテンツ作成の実際　141
　　オンデマンド講義の作成
　　講義の管理等
5　ISTUの現状　146
6　おわりに　149

第Ⅲ部　先進地アメリカからの示唆

7章　eラーニングを支えるテクノロジー

1　はじめに　154
2　どんなシステムがあり，利用されているのか　155
　　企業教育で利用されるシステム
　　大学（学校一般）向けシステム
　　フリーやオープンソースのシステム
　　実際に大学ではどんなシステムが利用されているのか
3　LMSとは何か？—混乱していくテクノロジーの名称　158
　　LMSの定義
　　錯綜する概念
4　標準化とコンテンツの流通　161
　　標準化
　　高等教育における相互運用性のインパクト
5　CMSによるeラーニング・サイト運営の可能性　164
　　CMSとは何か
　　CMSとeラーニング
6　eラーニング・テクノロジーの近未来—アメリカの事例　167

目次　ix

　　　　アメリカの大学の事例
　　　　eラーニングのテクノロジーの無化へ

8章　eラーニングを支えるスペシャリスト

1. はじめに　171
2. 出版モデルによるコースの開発　172
    ニューヨーク大学
    MITオープンコースウエア
    出版モデル
3. リエゾンという役割　181
    OCWのファカルティ・リエゾンとデパートメント・リエゾン
    シンガポール-MITアライアンスの組織図
    シンガポール-MITアライアンスにおけるファカルティ・リエゾン
4. スペシャリストをどこで育てるのか　191

第IV部　キーワードの検証——成功の条件

9章　技術・コスト・教育効果とその先にあるもの

1. なぜ技術・コスト・教育効果なのか　196
2. 技術・コスト・教育効果の検証　198
3. 日本のeラーニングの特徴　201
4. 経営戦略としてのeラーニング　203
5. eラーニングのグランド・デザイン　205

おわりに　207

編者・執筆者一覧

編 者

吉田　文　　独立行政法人メディア教育開発センター 研究開発部 教授
田口真奈　　独立行政法人メディア教育開発センター 研究開発部 助教授
中原　淳　　独立行政法人メディア教育開発センター 研究開発部 助手,
　　　　　　東京大学大学院情報学環 客員助手

執筆者

吉田　文　　編者［第1章, 第9章］
山内祐平　　東京大学大学院情報学環・学際情報学府 助教授［第2章］
照屋さゆり　玉川大学文学部リベラルアーツ学科 講師［第3章］
橋本順一　　玉川大学学術研究所 講師,
　　　　　　玉川大学情報システムメディアセンター 副センター長［第3章］
玉木欽也　　青山学院大学経営学部 教授［第4章］
松田岳士　　青山学院大学総合研究所 特別研究員［第4章］
穂屋下茂　　佐賀大学理工学部 助教授［第5章］
角　和博　　佐賀大学文化教育学部附属教育実践総合センター 教授［第5章］
渡部信一　　東北大学大学院教育情報学研究部 教授［第6章］
為川雄二　　東北大学大学院教育情報学研究部 助手［第6章］
西森年寿　　独立行政法人メディア教育開発センター 研究開発部 助手［第7章］
中原　淳　　編者［第7章, 第8章］
田口真奈　　編者［第8章］

(2005年2月現在)

第Ⅰ部

IT化とeラーニングの概況

1 進むIT化と進まぬeラーニング

1 日本の大学のIT化は遅れている？

「日本の大学のIT化は遅れている」とはよく耳にするが，それは少し吟味を要する。ここでいうIT化の意味は重層的であり，ITのインフラの整備状況を指す場合から，これまでの諸活動をITによって補完・強化する場合，さらに，従来ITを用いていなかった諸活動をITによって代替する場合まで，語る人によってその意味は微妙にずれることが多い。また，「日本の大学」というとき，何と比較しているのだろう。海外の大学なのか，日本の大学以外のセクター，すなわち，行政や企業なのだろうか。これら，風説的に語られるフレーズもそう容易に肯定するものとはなりえず，概念をいくつかの次元で分析的に区分し，全体を構成する各要素を比較検討することが必要になる。

それは本書のキーワードであるeラーニングについても同様である。「eラーニング」も十分に市民権を得た言葉ではあるが，何を指してそういうのかは，これもまた語る人によって異なるのである。もし，IT化を「従来ITを用いていなかった諸活動をITによって代替する」意味で用いれば，eラーニングは大学の最重要な活動である「授業」をITによって代替させることとなり，遠隔教育の形態で配信される教育を指すことになるし，「これまでの諸活動をITによって補完・強化する」ものと解釈すれば，eラーニングは，対面授業の一部にITによって配信される授業を組み合わせたブレンディッド・ラーニングとなるというように，一義的な解釈ではすまないことがわかる。

それを前提として本章では，わが国の大学が全体として，さまざまな次元でIT化やeラーニングをどのように進めているか，その実態を概観することを目

的としている。日本の大学をそれ以外の何かと比較することも重要ではあるが，それは別の機会の課題とし，まずは，日本の大学に限定して，そこにおけるIT化の諸相を検討する。海外の大学や大学以外のセクターとのクロスセクショナルな比較はしないが，日本の大学が過去5年間にどのように変化したか，その軌跡をたどることで，現在のわが国の大学の位置づけを明らかにしたい。
本章では，eラーニングとのかかわりでIT化を検討するという趣旨から，IT化をインフラの整備という問題とは切り離して考え，また，同様の意味でITを研究や社会サービスなど教育以外の大学の役割に用いることに関しても，考察の対象外とする。ITを大学の教育活動の諸側面に利用するという意味でのIT化に限定する。

その意味でのIT化の次元は3つに分けることにする。第1は，ITを利用して大学の教育活動全般を効率化する次元，第2は，教育活動を部分的に，あるいは，教育に必要とする教材をITによって配信する次元，第3が，教室の授業内容をITで配信する次元であり，これらは，図1.1のように，第3の次元から第1の次元へ同心円状に連なって広がっている関係にある。

こうした3つの次元を設定するのは，高等教育システムへのITの浸透の度合いを分析的に検討するためであるが，そのうち第3の次元である授業のIT化に関しては，わが国の場合，大学設置基準によって大学の授業に関する規定があることも考慮する必要がある。

わが国の大学においてITを用いて単位を付与する授業が認められたのは，

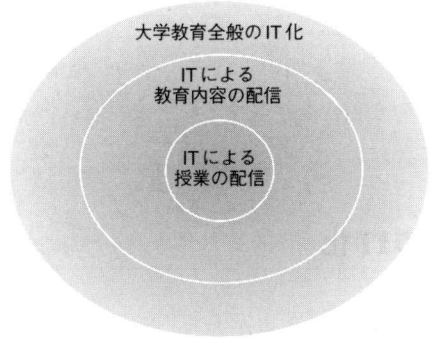

■ 図1.1　IT化の3つの次元

1998年である。大学設置基準の改正によって「遠隔授業」というカテゴリーが設けられたが,このとき認められた形態は同期双方向のテレビ会議であった。通信衛星や地上系通信を用いて,同一時間帯に遠隔地の教室を結んで行う授業が「授業」として認められ,このときは学士課程の卒業要件124単位中30単位までとされた。その後,1999年に30単位は60単位に引き上げられたが,この間に議論されていたインターネットの授業への利用は,まだ,認められなかった。インターネットによる非同期双方向の授業が「授業」として単位認定可能になったのは,2001年である。教室に集合しなければならないテレビ会議と異なり,インターネットの場合,学習場所も学習時間も個別化する。はたして,それでもって大学教育が成り立つのかという危惧の念は強く,毎回の授業の実施にあたって,設問回答,添削指導,質疑応答,課題提出,それに対する助言などを行うことが求められたという経緯がある。

したがって,第3の次元のうち,単位化された授業の配信がわが国の大学で実施されるようになったのはたかだか3年でしかなく,こうした狭義の意味でのeラーニングは,まだまだ経験が浅いのである。おそらく,単位化の有無にかかわらずインターネットによる授業の配信そのものに関しても十分な蓄積はなく,こうしたことが,冒頭のフレーズが引き出される理由の一つにもなっているのだろう。

以下では,まず第1に,これらそれぞれの次元におけるIT化を,5年間の推移でもって比較検討し,その上で,第2に,これのIT化の実態を規定する要因について,とくに,大学の組織構造とのかかわりで検討する[1]。IT化の規定要因としては大学の組織構造以外にも,教育需要などの視点が必要なことはいうまでもないが,ITを提供する側の大学の,その組織構造が,ITの教育への利用に関連するものなのか否かを検討することを主眼に置くため,あえて組織構造にのみ限定することにした。

2 大学教育のIT化

ここ数年,大学においてITの利用が大きく進んでいることは日常的に実感されよう。いつの間にか,電子メールは電話やファックスにかわる連絡手段と

して欠かせなくなったし，検索の手段として図書館へ行くよりも，まずは，ウェブ・サーチをするという行動も不思議ではなくなっている。大学教育においてIT利用は，どの程度進んできたのかは図1.2から明らかである。

「電子メールや電子掲示板による事務連絡」，「電子メールや電子掲示板による学生からのレポート提出」，「電子メールや電子掲示板による授業への質問受付」は1999年以来一貫して伸びており，大学において電子メールの定着過程がわかる。「パーソナル・コンピュータ（PowerPointなど）によるプレゼンテーション」，「授業内容のウェブへの掲載（シラバス，レジュメ，次週の予告など）」は，「電子メールや電子掲示板による事務連絡」と並んで，5年間に最も大きな伸びを示すグループに属する。1999年には，これらITを利用する6項目のうち，最も利用率の低いITの一つであった，授業内容のウェブへの掲載の5年間の伸びは著しく，他の項目に近接するまでになった。情報はウェブに掲載して，どこからでも引き出せるようにすることの便利さが認められ，また，ウェブへ情報をアップロードすることがさほど難しいスキルを伴わなくなってきていることが，こうした状況を生み出しているのだろう。

PCによるプレゼンテーションは，同じプレゼンテーションのツールである

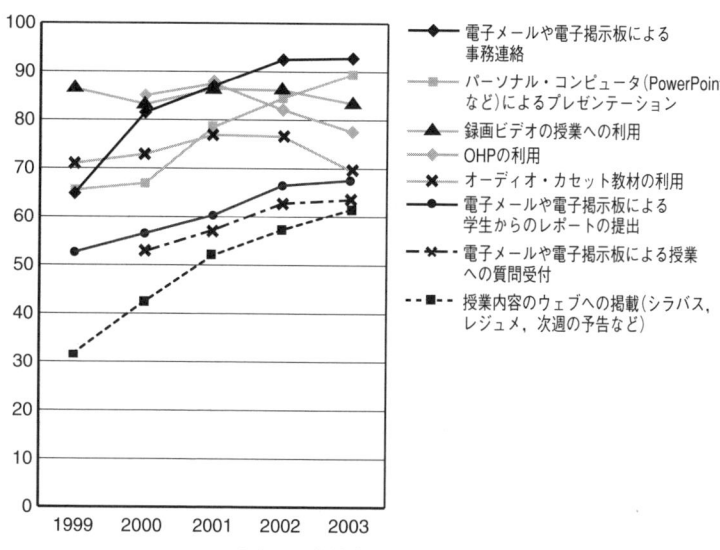

図1.2　大学教育のIT化の推移（％）

OHPと対比させると興味深い。OHPは2000年には，最もよく利用されるメディアであったが，その後，一貫して減少し，2002年にPCによるプレゼンテーションによって逆転され，2003年には，さらに両者の差は開いている。オールド・メディアからデジタル・メディアへの移行を象徴している事象といえよう。同様に，1999年当時，メディアの教育利用といえば，「録画ビデオ」と「オーディオ・カセット教材」が代表していたが，それらは，若干であるが減少傾向を示している。これらは特別な機材の準備の必要がなく，扱いも容易であるため，今後も一定範囲では利用されるであろうが，最もよく利用されるメディアという位置づけは喪失するであろう。

　教室授業の補完・強化としてのIT化は，高等教育システムのどの部分で進んでいるのだろうか。5年間一貫して上昇し，かつ，伸びが著しかった「電子メールや電子掲示板による事務連絡」，「電子メールによるレポートの提出」，「パーソナル・コンピュータ（PowerPointなど）によるプレゼンテーション」，「授業内容のウェブへの掲載（シラバス，レジュメ，次週の予告など）」の3項目について設置者と部局による違いを見ると（**表1.1**）．いずれの項目でも，また，1999年と2003年の2時点においても国立の利用頻度が最も高く，国立大学の全体としての資源の多さが示されている。しかし，2時点の伸びを見ると，私立大学は国立や公立の伸びを大きく超えて伸びており，私立大学におけるIT利用が急速に進んでいることがわかる。全体としてのIT化の進展は，私立大学においてIT利用が進んでいることによってもたらされたものであることがわかる。

　部局別に見ると，1999年の時点では，どの項目を見ても理工系が突出して利用頻度が高かった。しかし，2003年になると必ずしも理工系における利用頻度が高いという状況ではなくなっている。5年間の伸びを見ても，理工系の伸びは小さく，それ以外の領域での伸びが大きい。そして興味深いことに，理工系以外の領域は，必ずしも農学系や医療系という理系とは限らず，人文系や社会系などの文系でも大きく伸びている。

　ここ5年間のITの教育への利用の進展は，5年前にあまり利用されていなかったセクター（私立大学や理工系以外の領域）におけるITの利用頻度が上昇したことによってもたらされたということができるが，それはまた，高等教育

表 1.1 設置者別・部局別の IT 利用の変化（％）

			1999	2003	変化のポイント
設置者別	電子メールや電子掲示板による事務連絡	国立	**82.9**	**97.3**	14.4
		公立	69.8	87.5	17.7
		私立	56.0	86.5	*30.5*
	電子メールによるレポートの提出	国立	**59.7**	**70.4**	10.7
		公立	52.3	58.9	6.6
		私立	49.5	63.3	*13.8*
	パーソナル・コンピュータ（PowerPointなど）によるプレゼンテーション	国立	**74.7**	**93.6**	18.9
		公立	62.8	86.3	23.5
		私立	61.9	85.6	*23.7*
	授業内容のウェブへの掲載（シラバス，レジュメ，次週の予告など）	国立	**51.9**	**74.5**	22.6
		公立	23.3	45.2	21.9
		私立	24.4	48.4	*24.0*
部局別	電子メールや電子掲示板による事務連絡	人文	53.4	93.3	39.9
		社会	63.9	90.9	27.0
		理工	**85.9**	**97.9**	**12.0**
		農	67.3	100.0	32.7
		医	64.2	89.7	25.5
	電子メールによるレポートの提出	人文	52.0	61.6	9.6
		社会	59.5	71.7	12.2
		理工	**71.3**	**84.0**	12.7
		農	46.2	62.9	16.7
		医	33.1	54.5	21.4
	パーソナル・コンピュータ（PowerPointなど）によるプレゼンテーション	人文	47.0	81.1	34.1
		社会	67.3	85.2	17.9
		理工	**84.7**	**96.9**	**12.2**
		農	69.2	100.0	30.8
		医	73.5	98.1	24.6
	授業内容のウェブへの掲載（シラバス，レジュメ，次週の予告など）	人文	22.5	53.4	30.9
		社会	32.4	63.1	30.7
		理工	**49.2**	**79.8**	30.6
		農	23.0	80.0	57.0
		医	27.8	52.6	24.8

注：太字：利用率が高いもの，*斜体*：伸びが大きいもの，**太字斜体**：伸びが小さいもの

システムを構成する各セクター間の差が縮小し,均質化の方向へ推移してきたことを意味している。ここで取り上げた4項目は,いずれも授業そのものではなく,授業の周辺でそれを補完・強化する機能をもった利用であった。このような効率化につながるIT利用は,授業内容の特性とは直接の関係がないため,早いか遅いかの違いはあっても,やがて,どのようなセクターでも利用されるようになるのであろう。

3　ITによる教育内容の配信

それでは,もう少し「授業」に限定し,ITはどのような教育に利用されているかを検討しよう。わが国の大学において利用されている双方向性をもつIT技術としては,非同期双方向の特性を利用したインターネットのほかに,衛星通信や地上系通信を利用したテレビ会議システムがある。これらの技術による教育の配信の程度と,利用されている教育の場面を見れば,図1.3のように,衛星通信を用いた教育,地上系通信を用いた教育は,1999年から見れば減少傾向にあるが,逆にインターネットは増加傾向が認められる。同期双方向から非同期双方向へという推移をうかがうことができる。

　これらのIT技術が大学のどのセクターで利用されているのかを見れば(表1.2),いずれも国立大学で最もよく利用されており,とりわけ衛星通信は,ほぼ国立大学が独占しているといってよく,公立や私立との差は大きい。それに

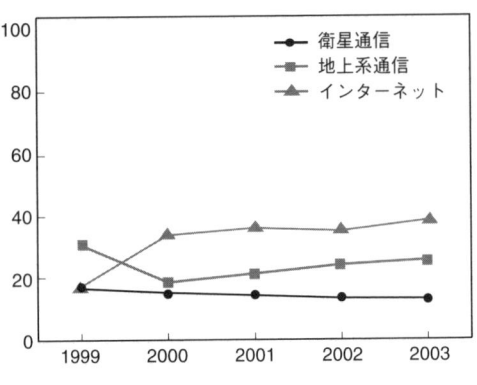

図1.3　ITによる教育の配信(%)

対して，地上系通信やインターネットは国立と公立・私立の差は小さい。また，国立は，どのIT技術でも5年間に利用率は上昇しているが，公立・私立は，衛星通信や地上系通信の利用が減少傾向を見せており，唯一インターネットの利用だけが伸びている。すなわち，同期双方向的な利用から非同期双方向への

表1.2 設置者別・部局別ITによる教育の配信の変化（%）

			1999	2003	変化のポイント
設置者別	衛星通信	国立	**40.8**	**42.0**	1.2
		公立	0.0	0.0	0.0
		私立	7.6	3.1	*-4.5*
	地上系通信	国立	33.2	37.3	4.1
		公立	24.7	20.9	*-3.8*
		私立	29.6	21.0	*-8.6*
	インターネット	国立	20.4	**43.1**	<u>22.7</u>
		公立	14.0	32.8	<u>18.8</u>
		私立	16.1	37.3	<u>21.2</u>
部局別	衛星通信	人文	10.2	5.9	*-4.2*
		社会	10.8	5.1	*-5.7*
		教育	**44.1**	**35.8**	*-8.3*
		理工	24.6	26.2	1.6
		農	20.4	22.9	2.4
		医	14.1	13.7	*-0.4*
	地上系通信	人文	29.4	19.1	*-10.3*
		社会	28.6	20.9	*-7.7*
		教育	**40.6**	**41.8**	1.2
		理工	**37.1**	**35.8**	*-1.2*
		農	25.0	30.6	5.6
		医	23.6	24.3	0.7
	インターネット	人文	13.3	29.6	16.4
		社会	18.7	**40.5**	<u>21.8</u>
		教育	15.9	**43.3**	<u>27.3</u>
		理工	**23.7**	**50.8**	<u>27.1</u>
		農	14.6	23.5	8.9
		医	12.7	30.7	18.1

注：太字：利用率が高いもの，<u>斜体</u>：伸びが大きいもの，*太字斜体*：伸びが小さいもの

推移は，公立・私立でより顕著に生じているのである。

また，これらのIT技術が大学の学部の専門領域別では，衛星通信，地上系通信については，教育系，理工系，農学系において利用頻度が高く，インターネットについては学部間の差異はあまり大きくはないという対比ができる。大きな装置とその操作のためにスキルをもった教員や技術スタッフが必要な衛星通信，地上系通信は，それが可能な特定の学部において利用され，それと比較すればインターネットは容易に扱えるため，必ずしも理系に限定されるもので

表 1.3 ITが利用される教育場面の変化（%）

	1999	2003	変化のポイント
衛星通信			
共通教養教育〔一般教育〕	25.1	26.8	1.7
学部生対象の専門教育	**37.6**	**47.6**	10.0
語学教育	15.8	14.0	*-1.8*
補習教育	6.0	5.5	*-0.5*
社会人対象の研修や公開講座	30.8	26.8	*-4.0*
教員や学生の研究会	**37.3**	**42.1**	4.8
教員や職員の会議	22.9	29.9	7.0
地上系通信			
共通教養教育〔一般教育〕	39.7	37.6	*-2.1*
学部生対象の専門教育	**53.1**	**42.4**	*-10.7*
語学教育	24.3	20.8	*-3.5*
補習教育	15.9	13.4	*-2.5*
社会人対象の研修や公開講座	32.4	33.2	0.8
教員や学生の研究会	33.4	33.9	0.5
教員や職員の会議	**40.6**	**67.6**	<u>27.0</u>
インターネット			
共通教養教育〔一般教育〕	**38.5**	**45.7**	7.2
学部生対象の専門教育	**66.8**	**68.3**	1.5
語学教育	27.6	43.2	<u>15.6</u>
補習教育	19.1	39.8	<u>20.7</u>
社会人対象の研修や公開講座	29.9	38.7	8.8
教員や学生の研究会	19.7	23.5	3.8
教員や職員の会議	—	19.7	—

注：太字：利用率が高いもの，<u>斜体</u>：伸びが大きいもの，太字斜体：伸びが減少したもの。
　　1999, 2003は複数回答

はなく文系においても利用可能な技術であることが示唆されている。IT利用に関しては，その利用に必要なスキルのレベルという問題もかかわっているのである。

これらのIT技術が利用される教育場面については，学部学生の専門教育に多く利用されるという共通性を除くと，同期双方向の衛星や地上系通信は，教員や学生の研究会，教員や職員の会議に利用され，他方，非同期双方向のインターネットは，語学教育や補習教育に多く利用されているという違いがあり，そうした利用の分化はこの5年間に明確になってきているということができる（**表1.3**）。顔の表情を見て議論を重ねることに重要な意味をもつ研究会や会議にはテレビ会議システムが有効であり，他方で，個人の状況に合わせて学習が進められることにメリットがある語学教育や補習教育には，あらかじめ作成されている教材をオンデマンドで学習できるインターネットのメリットが大きいことが認識されてきているのだろう。こうした棲み分けが生じていること自体，大学へのITの一定の定着の反映であるということができよう。

4　ITによる授業の配信

インターネットによる授業の配信が可能になった2001年から3年間の推移を表1.4から確認すると，インターネット授業の配信を行っている機関の比率は，ごくわずか増加しているとはいえ，17％である。さらに，そうした授業の単位認定を実施している機関もごくわずか増加したが，4％である。また，これらの「計画はない」とする機関の比率を見ると，「単位認定するインターネット授業」では，数値の動きはないが，「インターネットによる授業配信」の比率は66％から61％へとごくわずかだが減少している。すなわち，単位認

表 1.4　インターネット授業の配信と単位認定するインターネット授業（％）

インターネット授業	2001	2002	2003	単位認定する授業	2001	2002	2003
行っている	12.0	15.4	16.5	ある	1.7	2.2	4.3
計画している	22.6	25.5	22.6	計画している	7.0	6.1	5.6
計画はない	65.5	59.0	60.9	計画はない	91.3	91.6	90.2

定するインターネット授業に関心をもつ大学は増えていないが，インターネットを利用した授業配信に関心をもつ大学のパイは少しだけ大きくなっているようである。

インターネット授業の形態に関しては，大きく分けて2つのタイプがある。一つは講義型，もう一つが書籍型である。講義型とは，教員の講義の録画をストリーミング・ビデオとし，プレゼンテーション・ツールを利用して，講義の概要を文字化した資料をウェブに掲載し，それらを同期させるというものである。いわば，教員による教室の授業と黒板の文字をインターネットに掲載したと考えればよい。それに対し，書籍型とは，テキストや画像・音声を組み合わせた教材をウェブに掲載したもので，動画や音声がついた書籍を読むようにして学習するものである。表1.5から3年間の推移を見ると，テキストベースの資料を掲載する機関が減少し，代わってプレゼンテーション・ツールで作成した教材とストリーミング・ビデオで構成する機関が増加している。書籍型の形態から講義型への移行は，ブロードバンド化によって動画や音声が容易に扱えるようになったことが関係しているとともに，それが最も簡便に作成できる方法であるという理由もあると思われる。書籍型の場合，教科書を執筆するのと同等以上の労力がかかる上，引用する資料の著作権処理など厄介な問題がある。それに比べれば，教室の講義とそれの要旨をまとめた資料を掲載する方がコストやスキルや時間の点で数倍楽な仕事であり，かつ，学習者も「授業を受ける」という感覚を維持できる。どちらがよいかは，領域や内容や対象者の特性によ

表1.5 インターネット授業の構成要素（％）

	2001	2002	2003
テキストベースの資料	76.2	75.3	65.8
プレゼンテーション・ツール（PowerPointなど）で作成した教材	61.1	77.1	81.0
掲示板	47.5	46.0	48.1
ストリーミング・ビデオ	45.9	55.1	59.6
チャットルーム	16.5	15.6	12.3
テスト機能	24.4	26.0	31.6
その他	6.9	5.7	2.8

注：表1.4で「行っている」と「計画している」を対象にした比率（複数回答）

るため，一概に論じることはできないが，インストラクショナル・デザイナなどを抱えていないわが国の大学の場合，書籍型の優れた教材を作成するには多くの困難が待ち受けていることだけは確かである。

単位化された授業についてもう一つ指摘しなければならないことは，これらの45％が遠隔地で視聴できないものとして作られていることである[2]。これは，おそらく，授業の質の確保やセキュリティの問題があってのことだと推測されるが，インターネットの特性やeラーニングのメリットを考えたとき，その半分を活かしていないということができよう。eラーニングといっても，時間の壁は越えているのかもしれないが，空間の壁は越えていないものが多いということは，とりもなおさず，教室に通学可能な学生以外の新たな受講者を想定していないことを示しているのではないだろうか。

これまで見てきたIT化の3つの次元について，最後に，その同心円の大きさを比較しよう。インターネットのブラウザの利用に限定して，第1の次元の「大学教育全般のIT化」として図1.2の「授業内容のウェブへの掲載」，第2の次元の「ITによる教育内容の配信」として，図1.3の「インターネットを利用した教育の配信」，第3の次元の「ITによる授業の配信」として，「録画授業のウェブへの掲載」と表1.4の「インターネット授業の配信」と「単位認定しているインターネット授業」を取り出して図1.4に示すと，まず，第1の次元と第2の次元との間に大きな差異があることは一目瞭然である。

また，第2の次元である教育内容の配信と授業の配信の間には大きな差異があることも確認できる。インターネットを利用して各種の教育活動を行っていくことと，「授業」をインターネットで配信することとの間には，大きなギャップが存在しているのであり，「授業」を配信するかどうかは，それを単位化するかどうかよりも大きな問題なのかもしれない。翻って，表1.3で見たインターネットが利用されている各種の教育場面とは，授業そのものを配信しているものではないということの証左ということもできよう。というのは，表1.3のウェブによって教育を配信している機関の40％と，インターネットによる授業の配信を行っている機関の17％というギャップは，前者は授業の一部，ないし，授業で利用される教材の配信を表し，後者が，授業そのものの配信を表していると解釈できるのではないだろうか。そう考えると，前者で学部の専

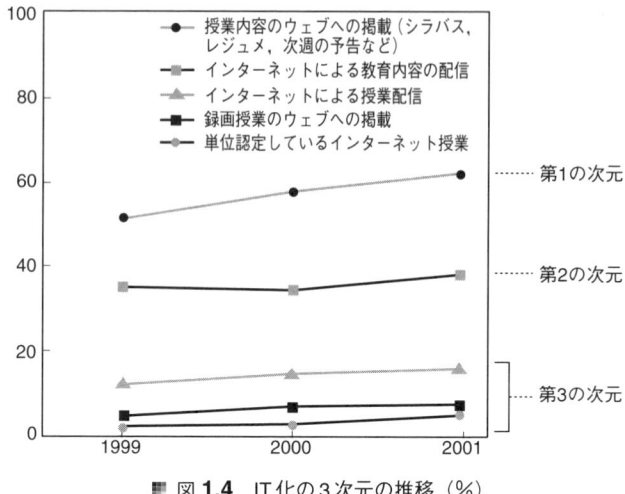

図 1.4　IT化の3次元の推移（％）
注：図1.2, 1.3, 表1.4の各項目の再掲

門教育や，語学教育や補習教育で多く利用されていることも納得できよう。

このように見ると，インターネットによる大学のIT化の3つの次元は，それぞれの次元の間に大きなギャップがあること，また，第1の次元である大学教育全般にかかわるIT化が進む方向を示しているが，それと比較すれば教育内容をインターネットで配信すること，さらに，授業を配信することは進んでいるとは言いがたいのが，わが国の大学の状況なのである。

5　学内のIT戦略と組織構造

わが国の大学のIT化の実態は，大学の組織という視点からはどのように説明できるのだろう。IT化を説明する要因として，その需要と供給から説明する方法があるが，需要とはIT化された大学やITを利用した教育を求める学生を指すのに対して，供給とは，IT化に関する学内のポリシー，IT化を推進する組織，ネットワーク環境など，IT化を進めるにあたっての条件整備を指していう。IT化の実態は，もちろん学生の需要を反映することは確かだが，ここまで検討してきたIT化があくまでも大学という組織において実施されている状況であるため，そこには供給側の論理がより強く反映されているものと考

えられる。したがって，以下では，IT化に関する学内のポリシーとそれを遂行していくための組織体制，学内のネットワーク環境を検討する。

ここで，学内のネットワーク環境は，ポリシーをもち，組織が設置されることの結果として環境整備が進むものであるという位置づけをもつと同時に，環境整備を前提としてIT化が進むという位置づけもあり，ポリシーや組織と，IT利用との間に位置づけて考えることができる。これらの関係を図式化すれば，図1.5のようになる。

供給側の状況を検討するとともに，3つの次元で見たIT化の実態に，それらがどのようにかかわっているのかを検討していくが，それは，また，本章のタイトルでもある「進むIT化と進まぬeラーニング」を検証することにもつながる作業でもある。

まず，IT化に関するポリシーの有無を見ると，「ネットワーク・セキュリティ」，「ネットワーク切断時の復旧対策」，「機器・設備」については学内で計画をもっている大学が多く，ITインフラとその常時確保が今日の大学の生命線伴っていることがわかる。ITと教育との関係に関しては，「ITの教育利用」の計画がある大学は半数ほどであるが，これはインフラの整備につぐ数値であり，ITの教育利用は決して軽視されているわけではないようだ。ただ，ITを「遠隔教育」に利用する計画をもっている機関は30％程度である。これを授業の配信と考え，それを実施している比率と比較すれば，計画をもっている機関は多いということができる。将来的に計画が実現するとすれば，インターネット授業を配信する機関はもっと増加するのかもしれない。それ以外にITの教育利用に関する計画に相当する項目として，「教育用ソフトやコースウェアの開

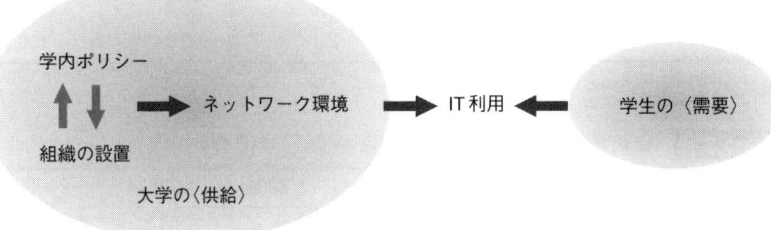

図 **1.5** IT化の供給と需要

発」,「知的所有権」を見ると,計画を立てている機関は15〜20％と少ない。どちらも,その重要性は指摘されているものの,多くの大学にとっては学内で統一した戦略をもつには至っていないことがわかる（表1.6）。

ただ,それぞれに「審議中」を加えると,「ITの教育利用」で80％,「遠隔教育」で60％,実際に計画をもっている機関が少なかった「教育用ソフトやコースウェアの開発」,「知的所有権」でも,半数近くになる。具体的な計画には至っていないが,その重要性は認識され,立案に向けて審議中という大学は比較的多いことがわかる。

IT関連の支援センターやIT問題を議論する全学レベルの委員会の設置に関してはどうだろう。それらを設置する大学は5年間で大幅に増加し,支援センターについては約70％の大学が,全学委員会については約80％の大学が設置するに至っている。前者については15ポイントほどの,後者については20ポ

表 1.6 IT化に関するに学内ポリシー（％）

	計画がある	審議中	計
ネットワーク・セキュリティ	65.9	24.7	90.6
機器・設備	57.6	29.6	87.2
ITの教育利用	49.7	35.0	84.7
ネットワーク切断時の復旧対策	52.2	25.8	78.0
ワイヤレス・ネットワーク環境	44.9	26.3	71.2
事務職員のITスキルの向上に関する研修	35.1	28.9	64.0
遠隔教育	30.2	27.7	57.9
学生用のキャンパス・ポータル	27.6	29.5	57.1
知的所有権	15.3	34.6	49.9
教育用ソフトやコースウェアの開発	21.8	24.6	46.4
学生層の開拓を目的としたIT戦略	14.4	29.7	44.1
ITの教育へのインパクト測定	7.6	20.4	28.0
eコマース（電子商取引）	2.1	3.9	6.0

注：2003年度分のデータ

表 1.7 学内支援組織の設置率（％）

	1999	2000	2001	2002	2003
支援センター	55.0	58.4	58.4	64.1	68.0
全学委員会	62.8	68.8	68.7	73.5	79.3

イントほどの伸びであり，これはIT化が重要な課題として位置づけられるようになってきたことの証左だといってよいだろう（表1.7）。

学内ネットワーク環境の整備に関しては（表1.8），「コンピュータ・ネットワーク環境」，や「ネットワーク・セキュリティ」，また，「図書資料のデータベース化」，「学内ウェブページ」などはおおむねどの大学でも整備が進んでいるが，「とても整備されている」大学はその半数と下回っており，まだ整備途上の大学が多いようである。これらインフラは最も早く整備が進む領域であるが，その教育利用に関する「授業で利用できるウェブ教材」，「eラーニングのための支援体制」などを整備している大学は一部に限られている上，「とても整備されている」大学は僅少でしかない。

表1.6で見た学内のポリシーも，インフラに関しては計画をもっている大学が多かったが，ITの教育利用に関して計画をもっている機関は少なかったことと対応する結果でもある。ちなみに，「ITの教育利用」，「遠隔教育」，「教育用ソフトやコースウェアの開発」に関する計画の有無と，「授業で利用できるウェブ教材」，「eラーニングのための支援体制」の有無との間の関係を検討すると，たとえば，遠隔教育に関する計画をもつ大学では，35％はeラーニング

表1.8 学内ネットワーク環境の整備（%）

	とても整備されている	ある程度整備されている	計
コンピュータ・ネットワーク環境	47.2	49.6	96.8
図書資料のデータベース化	41.1	48.5	89.6
学内ウェブページ	31.2	56.5	87.7
ネットワーク・セキュリティ	25.2	56.5	81.7
ユーザーサポート・サービス	11.0	42.0	53.0
ワイヤレス・ネットワーク環境	9.3	25.0	34.3
学生のためのIT利用研修（授業は除く）	4.4	22.0	26.4
学生用のキャンパス・ポータル	7.3	16.6	23.9
授業で利用できるウェブ教材	3.8	19.8	23.6
eラーニングのための支援体制	3.3	18.1	21.4
教員のためのIT利用研修	2.3	16.1	18.4
eコマース（電子商取引）	0.4	1.5	1.9

注：2003年度分のデータ

の支援体制があるのに対し，学内計画をもっていない大学では，9％しか支援体制があると回答しておらず，計画があると整備も進むという関係は明白である。それと同様に，組織が設置されると環境整備が進むという関係もあり，たとえば，IT支援センターを設置している大学のうち，eラーニングの支援体制を整備しているのは27％であるが，センターがなくeラーニングの支援体制を整備しているのは，わずか9％でしかない。このように，ポリシーの策定，組織の設置は，学内環境整備を促進するのである。

それでは，こうした供給状況は，IT利用を促進するのだろうか。IT化の3次元として図1.5に示した5つの項目について，計画の有無，組織の有無，整備状況との関係を見たのが**表1.9**であるが，計画の有無，組織の有無，整備状況は，いずれもIT化と大きく関係しており，それぞれが「ある」大学と「ない」大学とでは，3つの次元のIT化はいずれも大きな違いをみせている。とりわけ，遠隔教育に関する計画をもち，eラーニングの支援体制を整備している大学は「ウェブを利用した教育の配信」や「インターネット授業の配信」を実施する傾向が強く表れており，IT化を促進する上で，学内計画や環境整備が

表1.9 計画・組織・環境整備とIT化（％）

	計　画				組　織		環境整備	
	ITの教育利用		遠隔教育		支援センター		eラーニングの支援体制	
	あり	なし	あり	なし	あり	なし	あり	なし
第1の次元 授業内容のウェブ掲載	73.6	37.5	74.6	55.7	66.9	48.5	73.7	58.1
第2の次元 ウェブを利用した教育の配信	45.6	23.0	50.2	29.5	43.4	25.5	57.1	33.6
第3の次元 インターネット授業の配信	26.6	3.7	29.8	6.4	18.9	10.0	33.0	12.2
録画授業のウェブ掲載	10.9	3.0	15.5	2.4	6.8	5.7	15.1	5.1
単位認定しているインターネット授業	7.8	0.0	10.9	1.3	4.9	1.9	8.2	3.2

注：2003年度分のデータ

重要であることが理解されよう。それと比較すれば，支援センターの有無とIT化の各次元への影響力はやや低い。支援センターを設置するとともに，明確なポリシーをもち，eラーニングに向けての環境整備をすることが必要であることを示唆している。

このように大学教育をIT化するにあたっては，周到な準備が求められるのだが，ある意味，これらはわが国の大学にとっては新たな経験でもある。したがって，支援センターという組織の設置を別にすれば，ITの教育利用の計画を立案している大学も，eラーニングの支援体制といった環境整備に取り組んでいる大学もまだまだ少ない。しかし，たとえ少なくても，それらをもつと否とでは，大きな違いを生み出していることは事実であり，その重要性は否定できないことをここで強調しておきたい。

この先には，具体的に計画はどこまで綿密に立てたらよいのか，支援センターはどのような組織構造にするのか，eラーニングの支援体制とは何があればよいのかといった具体的な疑問が生じるであろうが，それは，以下の事例から詳細を知ることができよう。インターネットによって配信する授業を単位認定している大学は，すでに表1.4で見たように少なく，事例で取り上げた大学は，他に真似ることも，他から借用することもできない状況下で，試行錯誤しつつ戦略を練り，直面する多くの課題を克服しつつ，現在に至っているのである。その過程から，われわれはeラーニングのノウハウを学ぶことも，また，わが国におけるeラーニングの展開をわが国の文脈に位置づけて考察することも，さまざまに利用できよう。

(吉田 文)

■ 注 ■
1 本章で利用するデータは，メディア教育開発センターが1999年より毎年実施している『高等教育機関におけるIT利用実態調査』である。この調査はわが国の全高等教育機関を対象にした悉皆調査であり，本章では4年制大学の回答を用いる。なお，4年制大学に関しては各学部に回答を求めているため，ここで提示した値は，4年制大学全学部の平均値である。調査結果の概要は，http://www.nime.ac.jp/~mana/project/Multimedia-Utilization/report_index.html を参照。
2 メディア教育開発センター（2004）『eラーニングに関する実態調査』http://www.nime.ac.jp/~itsurvey/pub/e-learning/2004/index.html

第Ⅱ部

国内大学eラーニングの成功事例

2 eラーニングによる教育と社会サービス──東京大学

東京大学 Data

2004年4月現在

概要・経緯

目　　的	社会人大学院生の学習機会の確保，大学院の情報公開，学習過程の透明化と改善
準 備 期 間	2001年10月～2002年3月
開 始 時 期	2002年4月
公 開 規 模 視聴可能範囲	学際情報学府該当科目履修学生＋一般公開
公開科目数	5科目（2003年度）
授業担当教員数	5名
(これまでの科目数)	計13科目
(これまでの教員数)	計28名

学習の実際

授業の実際	15分ごとに区切られた授業のストリーミング映像を視聴し，掲示板でディスカッションに参加，もしくは課題を提出する。

システムの構成

ハードウェア	Linuxマシン1台，ストリーミング・サーバー1台
ソフトウェア	exCampus

運営

スタッフ総数	5名
教員数と役割	1名（eラーニング・コーディネータ：教務委員）
技術・事務職員数	なし
大学院生数と役割	4名（カメラマン，サポート担当）

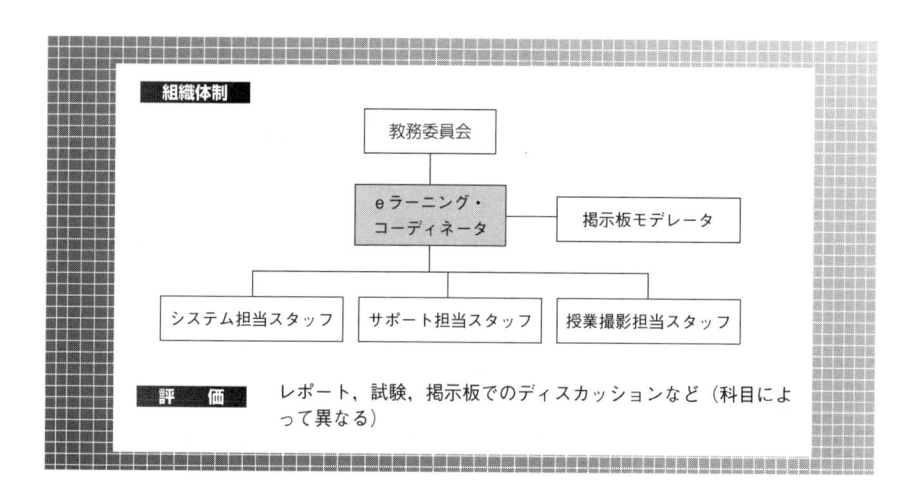

```
┌─────────────────────────────────────────────────┐
│  組織体制                                        │
│                  ┌──────────┐                    │
│                  │ 教務委員会 │                    │
│                  └────┬─────┘                    │
│              ┌────────┴────┐                     │
│              │ eラーニング・ │──┬──┤掲示板モデレータ│ │
│              │ コーディネータ│  │                  │
│              └──┬──┬──┬───┘                     │
│   ┌──────────┐ ┌──────────┐ ┌──────────┐         │
│   │システム担当│ │サポート担当│ │授業撮影担当│         │
│   │スタッフ   │ │スタッフ   │ │スタッフ   │         │
│   └──────────┘ └──────────┘ └──────────┘         │
│                                                  │
│  評 価  レポート,試験,掲示板でのディスカッションなど(科目によ│
│         って異なる)                               │
└─────────────────────────────────────────────────┘
```

1 情報学環とiii online

iii online(アイアイアイオンライン:http://www.iii.u-tokyo.ac.jp/online/)は,東京大学大学院情報学環・学際情報学府のeラーニング・サイトである。この章では,iii onlineの概要とそれを支える組織について経営的な視点で述べていくことにしたい。

iii onlineの前に,大学院情報学環・学際情報学府について説明しておきたい。eラーニングのあり方は,組織が置かれている状況に深く関係しており,iii onlineもその例外ではないからである(図2.1)。

大学院情報学環・学際情報学府は,2000年に開設された独立大学院(学部がない大学院単体の組織)である。

大学院情報学環・学際情報学府の「情報学環」は研究組織であり,「学際情報学府」が教育組織である。教員は情報学環に所属しており,学生は学際情報学府に籍をもっている。研究組織と教育組織を分離することによって情報学環以外の教員が学際情報学府で教えることが可能になり,柔軟な教育カリキュラムを構成することができるようになっている。

情報学環の「環」は,情報に関連する幅広い領域の研究者が知恵の環を作り,新しい情報学を創り上げていくというイメージからつけられている。その名の

```
                  東京大学大学院情報学環・学際情報学府
                  ┌─────────────────────────────┐
研究組織          │   学際情報学圏      社会情報学圏    │
情報学環          │                                  │
                  │        ・図書室                   │
                  │        ・社会情報研究資            │
                  │          料センター                │
                  └─────────────────────────────┘

                  ┌─────────────────────────────┐
                  │   情 報 学 環      学際情報学府    │
教育組織          │   教育部研究生      外国人研究生    │
学際情報学府      │                                  │
                  │  学際理数情報学   文化・人間    社会情報学 │
                  │    コース       情報学コース    コース    │
                  └─────────────────────────────┘
```

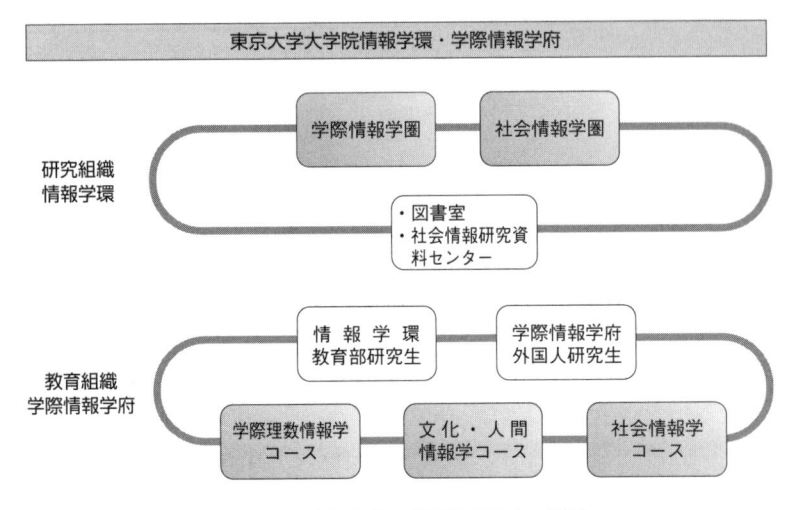

図 2.1　情報学環と学際情報学府の関係

とおり，理系・文系・芸術系の幅広い人材が集まっている。また，2004年度に社会情報研究所と合併することにより，社会情報学に関係する数多くの研究者が情報学環に合流することになった。

情報学環の教員のおよそ1/3は流動教員であり，東京大学の各部局から出向のかたちで3年から6年情報学環に所属し，元部局に帰っていくというシステムをとっている。これにより，常に最先端の研究が行える体制を保持している。

学際情報学府は，定員70名の大学院であり，社会情報学コース，文化・人間情報学コース，学際理数情報学コースの3つのコースで，学際的な新しい情報学の研究者を養成するための教育を展開している。

2　iii online — 3つの目標

iii online は2002年4月に始まった学際情報学府のeラーニング・サイトである。iii online は，学部・研究科レベルでは東京大学初のeラーニング・サービスである（図2.2）。

iii online は3つの目標をかかげてスタートした。社会人大学院生の学習機会

■ 図 2.2　iii online 開始を伝える新聞記事
　　　　（産経新聞　2002年3月5日）

の確保・大学院の情報公開・学習過程の透明化と改善である。
（1）　社会人大学院生の学習機会の確保
　eラーニングを始めた最大の理由が，社会人大学院生の学習機会の確保である。
　学際情報学府は独立大学院であるために，多種多様な学生が集まっている。2003年度までは，実践情報学コースという社会人学生をターゲットとしたコースが設けられており（現在は，社会人特別選抜枠に変更），マスコミ関係者やシステム・エンジニアなど，学生の2割から3割が社会人という状況であった。
　学際情報学府に入学する社会人は，銀行や製造業に勤めている一般的な社会人に比べ，比較的時間に自由がきく代わりに，忙しくなる時期とそうでない時期が交互にやってくる。たとえば，広告代理店に勤めている場合，コマーシャ

ルの撮影などで1カ月間は仕事が超過密スケジュールで入るが，企画段階ではそれほど時間に制約がないという状況が発生する。

このような状況では，講義に毎回出席することは難しくなる。iii online が始まる前は，出席しなければ自動的に欠席になり，全く講義の情報が手に入らない状態であった。2回，3回と欠席が続けば，当然講義の理解に影響が現れてくるので，教育水準の確保上，大きな問題となっていた。

通常社会人向けの大学院では授業を夜間に開講することによって，この問題を解決している。しかし，フルタイムの学生は昼間に授業が開講されることを望んでおり，学際情報学府で授業を夜間にもってくることは，現実的な解ではなかった。そこで，教務委員会で検討されたのが，授業を撮影してオンデマンド配信するという現在の iii online のプランである。

（2）　大学院の情報公開

情報学環ではさまざまな研究プロジェクトを通じて大学と社会の連携を実現してきている。メディア表現・学びとリテラシーに関する MELL プロジェクト，日本科学未来館との連携，大井町の地域活性化などがその代表的な事例である。これらのプロジェクトでは，アプローチや領域は違っても，大学の知を公開するだけではなく，社会の中で再定義し大学と社会の新しい関係を築きあげていくという側面を共通してもっている。

iii online は，学習サービスの提供であるとともに，こうした社会連携型研究プロジェクトの一種でもある。iii online が大学院生向けの閉じた学習サービスではなく，可能な限り一般公開するという方針になったのは，情報学環がもっているこのような大学と社会に対する基本的なスタンスが反映しているからである。

（3）　学習過程の透明化と改善

e ラーニングを展開していく際に，筆者は担当としてその責務を負うことになった。立ち上げの際にかかる労力を考えれば，正直この仕事を引き受けることは勇気がいった。

幸いなことに，筆者の専門は教育工学であり，e ラーニング・プロジェクトを研究につなげていける領域だった。このため，e ラーニングのような情報技術を用いた学習の可能性を探ること自体を目標として設定することができたのである。

3　iii online の概要

　さて，この3つの目標をもとに設計されたiii onlineの概要を説明しよう。iii onlineのシステムはメディア教育開発センターのチームが開発したものであり，後にexCampusというオープンソース（誰でも無料で自由に改変して使える）ソフトウェアになったものである（http://www.excampus.org）。
　iii onlineは，大きくゲスト向けのサービスと，学生向けのサービスに分けることができる。

ゲスト向けサービス

　ゲスト向けの画面（図2.3）は，青色をベースにデザインされており，この画面では登録なしで授業を閲覧することができるようになっている。
　ビデオのアイコンを押すと，およそ15分×6つにカットされた授業の映像を見ることができる。ストリーミングはReal形式225 kbpsエンコーディングで行っている。Real形式を選んだのは，利用者としてWindowsユーザー，Macユーザー，Linuxユーザーが混在しているからであり，エンコーディングレートは，ブロードバンドで十分スピードがでない場合でも対応できるという観点から設定してある。
　15分にカットしたのは，90分の映像を一気に見るのは大変だからである。利用者アンケートからも，朝30分，会社の休憩時間に30分，夜帰ってから30分見るといったような分割視聴が日常的に行われていることが明らかになっている。
　ビデオは，PowerPoint連動型ではなく，カメラで撮影したものをそのまま流している。理由はPowerPointを使う授業スタイルを教員に押しつけるのは良くないと判断したからである。OHPを使う人もいれば，ホワイトボードの方がインタラクティブにできるという教員もいる。そういう多様な授業スタイルを認めなければ，eラーニングを導入すると，かえって授業がやりにくくなるということになりかねない。日常的にeラーニングを展開する場合には，「eラーニングだから」といった制約条件を減らすことが重要である。
　データのアイコンを押すと，授業の資料を見ることができる。資料はすべて

http://iiionline.iii.u-tokyo.ac.jp/index.php

■ 図 **2.3**　iii online ゲスト向けの画面

PDFファイル形式にしてある。これも前述のとおりユーザー側が多様な環境にいるためである。

　アンケート調査では，実際に利用するときには，このPDFファイルを印刷し，それをノートとして使いながら授業を聞いている。ゲスト向けサービスでは，以下のような例外をのぞいてすべての授業映像を見ることができる（**表2.1**）。

（1）　著作権処理ができていないもの

　テレビで放映された番組などで著作権処理に多額の費用がかかるものは，オンラインでの配信を原則として行わない。学生向けに配信する場合は，その部分だけビデオテープに落とし共用の部屋に置くことによって，著作権をクリアすることになっている。著作権法では，授業における物理的複製は特例として認められているが，デジタル化して配信することは違法であるからである。

表2.1　iii online で閲覧可能な授業の一覧

配信年	講義名	授業者
2002	自然言語処理論	辻井潤一
	コミュニケーション・システム	原島 博
	メディア表現論	水越 伸
	情報政策論	浜田純一
	学際情報学概論	各教官
2003	情報リテラシー論	山内祐平
	情報記号論	石田英敬
	情報進化論	佐倉 統
	シミュレーション・システム	荒川忠一
2004	学際情報学概論	各教官
	文化・人間情報学基礎	水越 伸・山内祐平

（2）学生の発表など授業に影響がでると考えられるもの

　授業は生ものであり，公開していろいろな人に見られているということになると，学生の発言などに微妙な影響が出てくる。とくに学生の発表や討議が中心になるような授業の場合は，学生に対して「間違えても大丈夫である」という保証をしないと安心して発言をすることができない。そのため，演習形式の授業では，原則として学生の発表部分は公開せず，登録された学生向けにのみ配信することになる。

（3）教員が公開しない方が良いと判断したもの

　その他，教員が公開しない方が良いと判断した部分はカットして一般公開することになっている。情報学環の教員の中には，職業柄政府の動きなどに関して不確定であるが現在進行形の情報をもっている者も多い。このような情報は，閉じられた講義室の中で発言される場合は問題を生み出さないが，インターネットで引用可能な形で公開されると予想を超えた反応が引き起こされる場合がある。このような場合を含め，教員が公開しないで欲しいという部分があれば，原則としてその部分はカットすることになっている。

学生向けサービス

　iii online の学生向けサービスは，赤色をベースとしてデザインされている。

登録したユーザーIDとパスワードを入れることによって，このサービスを利用することができる。学生向けサービスは，ゲスト向けサービスのすべての機能に加え，学生向けだけに公開される授業や資料の情報と掲示板サービスを利用することができる。

掲示板は，授業によってさまざまな方法で利用されているが，図2.4に示したのは，2004年夏学期に行われた文化・人間情報学基礎という演習形式の授業で利用された例である。この授業は，コミュニケーションと教育領域の古典的研究者6名に関する文献購読の授業であり，1週目に担当のグループが発表を行い，それを受けて，残りのグループがオンライン上でディスカッションをしながら，その研究者に関する疑問を掘り下げていき，その成果を2週目に発表するというサイクルで構成されている。

学生は基本的にeラーニングと通常の授業を好きに組み合わせて利用するこ

■ 図 2.4　iii online 学生向けの画面

とができる．仕事の都合でほとんど全回eラーニングで受講する学生もいれば，2，3回だけeラーニングで受講する学生もいる．

4　iii online の組織

iii online は，次のような組織で運営されてきた．この組織は，通称 iii online チームと呼ばれている（表2.2）．

① システム担当

立ち上げ時期には，iii online のシステム周辺の作業は主に共同研究をしていたメディア教育開発センターのスタッフが担当してきた．現在は運用も安定しており，ほとんどトラブルがない状況なので，システムに詳しい大学院生1名に業務委託している．

② サポート担当

iii online ではサポート担当が iii online の運営の中心になっている．
業務内容は以下のとおりである．

- 履修学生の登録作業，各種アナウンス
- トラブルシューティング，クレーム処理
- 撮影担当などのスケジュール調整，給与の支払い事務など

③ 授業撮影担当

授業の撮影担当には訓練が必要となる．iii online では約5時間の講習会を行っている．ここでは，主に機材の操作方法や授業撮影のコツについて学ぶ．また，授業終了後に映像を編集し，アップロードするのも彼らの仕事である．

表 2.2　iii online チームの構成

		立ち上げ時期	運用安定期
①	システム担当	3人	1人
②	サポート担当	3人	1人
③	授業撮影担当	2人	2人
④	コーディネータ	1人	1人
⑤	掲示板モデレータ	年によって異なる	

④　コーディネータ

　iii onlineでは教員に対してコンサルティングを行う担当をeラーニング・コーディネータと呼んでいる。それぞれの教員が，その授業のどの部分をeラーニング化するかについての方針決定を，第三者的な目で支援するのがその役割である。この役割には，ある程度，教育や学習に関する専門性が要求される。とくに，授業を開始する前の方針決定は不可欠である。具体的には授業における掲示板の活用の方法に関する提案や，掲示板が盛り上がらなかったときの対処法などのトラブルシューティングもその仕事に含まれる。現在は，この仕事は筆者が行っている。

⑤　掲示板モデレータ

　掲示板の運用方針は，コーディネータが担当の教員と相談して行うが，掲示板を本格的に利用する際は，掲示板モデレータを置く場合がある。立ち上げ直後は，専任のモデレータをおいていたが，結果としてうまく機能しなかったため，その後は履修している大学院生の自発的なモデレーションを喚起するような仕組みにした。

　掲示板の運用は学生の考え方や雰囲気に大きく依存する。多様な専門性をもつ学際情報学府の授業では，それらをすべて理解したスーパーモデレータという役割は難しく，むしろ，同じ学生の中で数人積極的に書き込みをつなぐ人たちがいた方がうまく議論が活性化することが，実践の中で明らかになってきた。

コスト

　現在，システム担当・サポート担当・授業撮影担当は，大学院生・学部生を雇用してトレーニングの上，行っている。管理費をのぞいた授業1コマの人件費支出はおよそ30万円であり，90分の1授業あたり2万円でeラーニング・システムを運用している。オープンソースのexCampusを利用しているため，システムにかかるコストは初期導入コスト以降は発生しない。

　iii onlineは通常予算で運営しているため，低コストでの運用が絶対条件になる。このため，リアルタイム・エンコーディングを行ったり，1台のカメラで編集なしにするなどの工夫を行い，標記の金額を達成している。

　この金額は，アメリカ合衆国でeラーニング・バブルがはじけた後もeラー

ニングを上手に運用してきたコロラド州のコミュニティ・カレッジ連合 ccc online が1授業あたりかけている金額とほぼ同じである。大学の経営規模にも関係するが，この金額を超えるとそれを超えた分の資金を獲得するビジネス・モデルがないと持続することは難しいだろう。

5 アンケート調査の結果から

利用動向を確認するために，2002年夏学期授業終了後に，iii online に利用者登録した全学生（大学院生）130名に対してアンケート調査を実施した。有効回答数は62（有効回答率47.7％）であった。このうち社会人学生の回答者は16名（有効回答数に占める割合25.8％）である。

Interview 1

とても良いトレーニングでした――水島さんの場合

――iii online を大学院生活の中でどのように利用されていましたか？

水島さん：仕事が忙しくなったので，学校には週に2日しか来ていなかった。僕の仕事というのは，非常に不規則なんですよ。打ち合わせがあればかばんひとつでいろんなところに飛び回らなければいけない。この授業（学際情報学概論）に関しても多分，1回もフルで席に座ってないんじゃないかな。

だから，普通先生にとってみれば非常に失礼なんだけれども，途中から来て，途中で帰っている。

授業へはテーマを確認しに行くみたいな感じでツボをつかむと帰っちゃう。あの授業は毎回コメントを書かなければいけなかったから，家で，授業内容を確認するためにビデオを見るというような使い方をしていました。たぶん独特な利用スタイルだと思います。

この授業では，ただ知識を学ぶというより，自分が自問自答するためのきっかけを与えてもらっているところがすごくあった。毎回掲示板にコメントを書くっていうのはすごく良かったんですね。自分で好き勝手に考えようって思っても，ある種自分に無理をさせないところがあるから，安全な範囲だけで物事を考えているんだけれども，人から言われたことや講義をきっかけに，何か自分で吐き出そうとするっていうのは，とても良いトレーニングでした。

iii online にアクセスする場所としては，自宅に次いでキャンパス内からのアクセスが多いことが特徴的である．これは，授業の空き時間に大学院生の共用スペースなどに利用していることが現れていると考えられる（図 2.5）．

通信環境については，いわゆるブロードバンド回線で利用している人は全体で 67.8 ％である．この調査は 2002 年夏のものなので現在は，より多くの学生がブロードバンド環境をもっていると推測できる（図 2.6）．

iii online の 3 大メリットは「時間的拘束からの解放」，「体力的」なメリット，

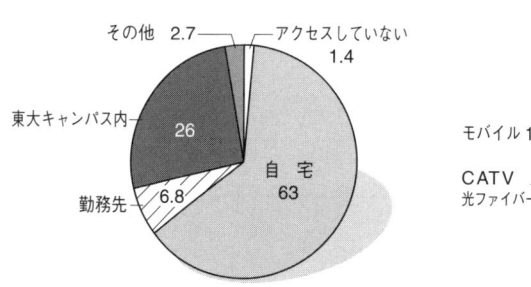

■ 図 2.5 iii online のアクセス場所（％）

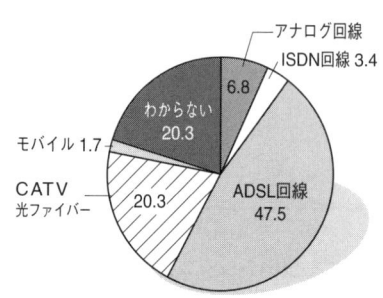

■ 図 2.6 自宅の通信環境（％）

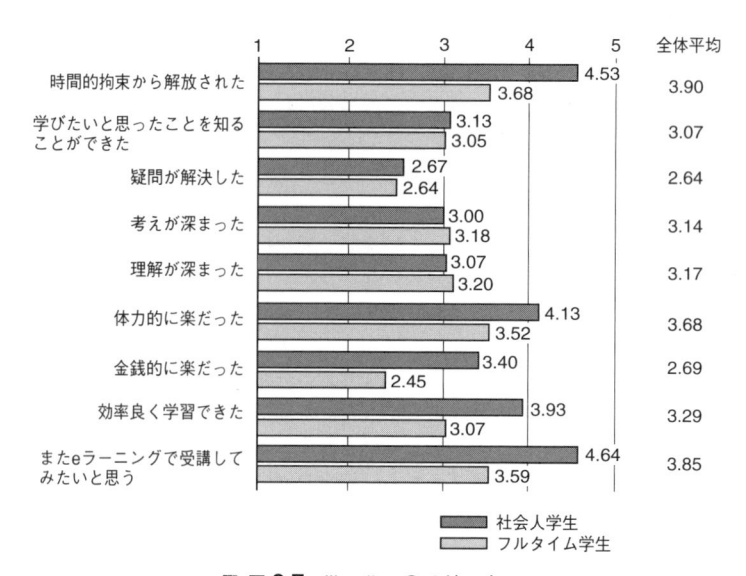

■ 図 2.7 iii online のメリット

2. eラーニングによる教育と社会サービス──東京大学

> **Interview 2**
> 掲示板がやっぱり面白かった──宮田さんの場合
>
> ──iii online でとくに良かったと思うことは？
> 宮田さん：やっぱり掲示板の存在がすごく大きかったと思うんです。たとえば，普通に授業を受けてその授業が終わった後に，友達同士で「あの授業のここがわからなかった」とか，「あそこがちょっと違うと思う」，といった話をすることがあります。
> そのときに何か思ったことを，無理矢理にでも，1回文章にして，掲示板に書き込む，というかたちで後に残すという作業をしたことで，自分が漠然と思っていたことや感じたことを言葉にできました。
> 他の人が何を考えているのかを知ることができたこともすごく良かったと思います。

そして「効率良い学習」である。社会人学生にとくにこの傾向が強くみられたことが特徴的である。とくにeラーニングで受講してみたいという総合評価項目では，5段階スケールで4.64という好成績をマークしている（図2.7）。

この調査から，iii online が当初の目的としていた「社会人大学院生の学習機会」という目標はほぼ達成できているものと考えられる。

6 アクセスログの分析から

iii online は2002年4月に運用を開始したが，ほぼ1年たった2003年2月20日現在で，稼働実績を集計したものが**表2.3**である。

サーバーのアクセスログと，同時期に行った外部からの利用者へのアンケート調査を照らし合わせると，興味深いことが明らかになってきた。授業によっ

表2.3 2002年度の稼働実績

ヒット数	107万ヒット
利用者数	のべ46347人
映像配信時間	5474時間
学外からのアクセス率	93.5％

て人気・不人気があるのだが，各授業に数百人の外部利用者がついており，数としては，①40代の社会人男性，②30代子育て中の主婦，③受験を考えている大学院生予備軍がベスト3になった。このことから，iii onlineは，新しいオンライン・コミュニティを開拓することに成功したといえるだろう。大学院の情報公開としては一定の成果を確認することができた。

7 研究の発展

iii onlineはシンプルなプラットフォームであるが，この上でさまざまな研究が展開されてきた。研究の知見は，この2年間で書籍1冊，和文学会誌3編・国際学会査読付き口頭発表3回の成果がでている。ここでは，その中から携帯電話を利用したCSCL（コンピュータを利用した協調学習）活性化ツールiTreeについて紹介したい。

iTreeは，メディア教育開発センター中原淳氏を中心としたチームが開発したシステムで，iii online上の学習掲示板の状況を携帯電話上に木のメタファーで可視化し，学習者を掲示板に誘導するシステムである。

iii onlineの掲示板に書き込みを行うと，携帯電話の待ち受け画面（図2.8）に表示されている木に枝が1本増える。その書き込みが読まれると葉がしげり，返

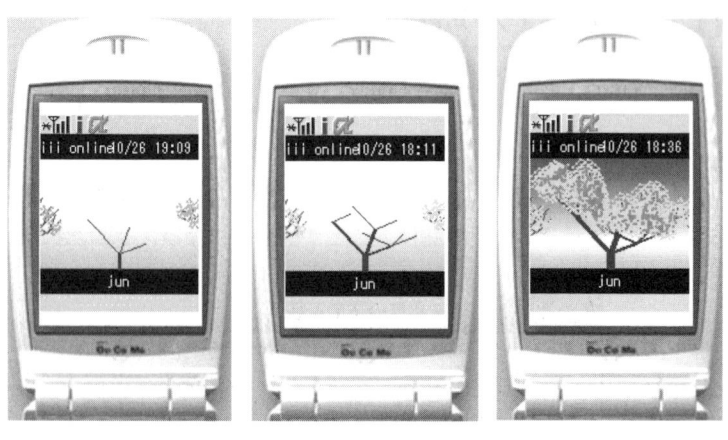

図 **2.8** iTreeの画面

事が来ると実がなる。掲示板上の相互作用が活性化すると空が青くなるという仕組みである。

　このような携帯端末を使った先端的な学習支援の研究は，2004年春より（株）ベネッセコーポレーションから寄付を受けた東京大学大学院情報学環ベネッセ先端教育技術学講座（http://www.beatiii.jp/）の研究に引き継がれている。iii onlineで培った研究が新しい研究領域を開拓する一助になったのである。

8　実施にあたって困難だった点

　以上説明してきたように，iii onlineは部局レベルのeラーニング・サービスとして，社会人大学院生の学習機会の確保，大学院の情報公開，学習過程の透明化と改善を達成したということができるだろう。

　しかし，ここまでくるにはいくつか大きなハードルを乗り越える必要があった。実施にあたってとくに困難だった点は，以下の2点である。

（1）　教員の協力体制

　教授会の際にeラーニングの実施に賛成したとしても，自分の授業をeラーニングとして提供すること，とくに公開することに関しては教員の抵抗が強いものである。「ぐちが言えなくなる」という理由で断られたこともあった。通常授業は閉じた空間であるだけに，ビデオカメラが入って顔を撮影されたり，外部に公開することに関する心理的抵抗は想像以上のものだった。iii onlineでは，有志の教員が地道に説得するとともに，教務委員会の一部として教務委員長からオフィシャルな依頼を行うことによって，これに対処しているが，全員が抵抗なく授業を提供する段階にはなっていない。

（2）　掲示板などのコーディネーション

　電子掲示板を使ってディスカッションを主体とした学習を行うためには，掲示板が常に活気のある状態である必要がある。しかし，実際には掲示板の書き込みが思ったほど伸びないことが多く，この問題をどう解決するかについて，iii onlineのチームが頭を悩ませる日々が続いた。結果的にこの問題は，eモデレーションの研究という形で研究テーマになることになった。

いくつかの試行錯誤の中で，最もうまくいったのが，「さくらモデル」である。これは，専門のモデレータをおくのではなく，参加者の中で意識が高い人に個別にお願いをして，準モデレータ的な役割をしてもらうというものである。他の学習者にはモデレータとしては見えず日本的にいうと一種のさくらに近いイメージがあるため，「さくらモデル」と命名した。日本人のコミュニティ感覚は，欧米とかなり異なっているので，欧米圏で研究されているモデレーティングの方法はそのままではうまくいかないようである。

9 コストとメリットのバランスと将来課題

このようにいくつかの課題がありながらも，iii online がそれなりに機能している理由について考えてみたい。

それは，学生・組織・運営側のコストとメリットがほぼつりあっているからだと考えられる。学生は e ラーニング受講のために一般の授業よりも労力をかける必要がある。家で映像を見てレポートをアップロードするのは普通の授業よりも大変なことである。よく e ラーニングを行うと学生が大学に来なくなるというが，iii online では全くそのようなことはなかった。まじめに視聴してそれなりの課題をこなすのは，e ラーニングの方が大変なのである。しかし，社会人大学院生にとっては，たとえ大変でも授業が受けられるメリットの方がコストよりも大きいので，ここでバランスがとれているのである。

組織である大学院からすると，低コストで運営していたとしても一定の支出がある以上，何らかのメリットがなければサービスとして成立しない。社会人大学院生の学習機会の確保はその一つであるが，同時に iii online で入学志望の学生に対して情報提供を行ったり，広い意味での大学院のサポートをしてくれる人が集まる「広報メディア」としての側面が大きなメリットになりうる部分である。

最後に，運営主体である筆者らのグループであるが，事務作業などに多くの時間をかけてサービスを展開しているが，それを土台として研究成果があがっているので，かけているコスト以上のものをメリットとして享受できている状況にある。

もちろんこのバランスは，情報学環・学際情報学府が置かれている状況に対応しているものである。他の学部や大学院でiii onlineと同じような運用を行っても，コストとメリットをつりあわせることは難しいであろう。

　eラーニングを導入する際には，「はやりだから」という単純な理由ではなく，教育組織としての部局の現状を緻密に分析した上で，問題を解決するための装置としてデザインする必要がある。

　iii onlineの次の課題は，何らかのかたちで収入が入るよう展開できるかどうかである。情報学環という部局のサービスでは，現在以上の授業数を展開するために独自の財源を確保する必要がある。広報メディアとしての一定の効果はあるものの，大学の一般校費からの支出には限界があるからである。社会人向けのカスタマイズされたサービスを展開して対価を得るなどの新しいビジネス・モデルを模索する必要があるだろう。

（山内祐平）

3 個別学習型 e ラーニングの実践とシステム評価──玉川大学

玉川大学	Data

2004年3月現在

大学（経営学部）

概要・経緯

目　的	対面授業補完，AnyTime AnyPlace の教育環境の実現，ICT スキルの習得
準備期間	1999年10月〜2001年3月
開始時期	2001年4月
公開規模 視聴可能範囲	経営学部一部該当科目受講の他学部学生（対象学生 約800名）
公開科目数	2003年度 280科目
授業担当教員数	52名
（これまでの教員数）	計55名

学習の実際

科目名(例)	情報システム演習
授業の実際	対面授業を毎週実施。学生はPCをハンズオンで受講。授業中は教員から資料・教材を提示し，学生は適宜ダウンロードし毎週の課題に取り組む。 学生のグループ発表プレゼンテーションを授業中に撮影・掲載するとともに学生の発表したプレゼン資料を公開し，客観的な自己評価を行う。 小テスト・終了アンケートをオンラインで実施。

システムの構成

ハードウェア	Windowsマシン（Windows NT 4.0 Server）2台（二重化）
ソフトウェア	LearningSpace（Ver.2.5〜3.1）（Lotus）

運営

スタッフ総数	8名
教員数と役割	4名（推進プロジェクト・オーナー，学部担当，全学担当）
技術・事務職員数と役割	4名（プロジェクト・マネジャー，コンテンツ開発，システム担当）

大学院生数と役割	なし
民間企業と担当業務	日本IBM研修サービス(株)/アルファコンピュータ(株)：システムサポート，コンテンツ作成，サポートデスク要員

組織体制

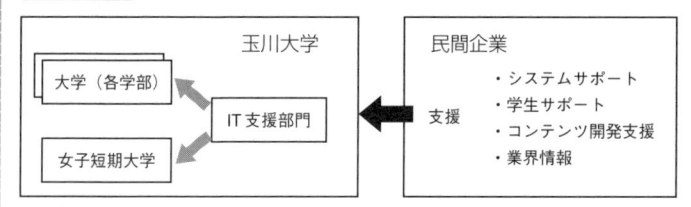

```
             玉川大学                民間企業
  ┌──────────┐                   ・システムサポート
  │大学（各学部）│                   ・学生サポート
  └──────────┘ ⇄ ┌─────────┐ ← 支援 ・コンテンツ開発支援
  ┌──────────┐    │IT支援部門│       ・業界情報
  │女子短期大学 │    └─────────┘
  └──────────┘
```

評価　学生への授業評価を各学期ごとに実施

女子短期大学

概要・経緯

目　的	大学（経営学部）参照
準備期間	1997年12月～1998年3月
開始時期	1998年4月～2004年3月（短大は大学へ吸収・閉校）
公開規模 視聴可能範囲	女子短期大学（対象学生数 約1000名）
公開科目数	2003年度 9科目
授業担当教員数	6名
（これまでの教員数）	7名

学習の実際

科目名(例)	情報教育
授業の実際	対面授業は初回のみ。 学生は講義ノート・教材・資料をもとに各自のPCによる自学。 必要な課題提出させ，添削し返却。 目標を定め，学生自身で自立学習を習得する。

システムの構成

ハードウェア	Windowsマシン（Windows NT 4.0 Server）1台
ソフトウェア	LearningSpace（Ver2.5～3.1）（Lotus）

運営

スタッフ総数	6名
教員数と役割	3名（コーディネータ，コンテンツ開発）
技術・事務職員数と役割	1名（システム担当）
大学院生数と役割	非常勤（院生同等）TAスタッフ2
民間企業と担当業務	日本IBM研修サービス(株)：コンテンツ作成

組織体制　大学（経営学部）参照

評価　大学（経営学部）参照

1　eラーニング・システム導入の経緯と発展

　玉川大学・玉川学園女子短期大学においてeラーニング・システムの導入が検討されたのは，まだeラーニングという言葉も聞かれなかった1997年秋のことである。

　講義中に繰り返される「質問はありませんか？」という問いのあとに続く長い沈黙を何とか脱したいと思っていた。こうした思いを背景に，「パソコンやネットワークを利用することができないだろうか？」という考えを抱いた。そこで注目したのは，当時北米で始まっていた，「パソコンを学生一人ひとりに所持させて授業をする」という取り組みであり，またロータス社の授業管理システム（当時はディスタンス・ラーニング・システム：遠隔・協調学習システムといっていた）であるLearningSpaceであった。

　講義中心（対面授業中心）の伝統的なスタイルから，学生一人ひとりが積極的に学び，予習・復習に取り組み，教員と学生，または学生同士の双方向コミュニケーションを高めていくことがそのねらいであった。

　当時，女子短期大学では，入学後1年もたたない時期にすぐに就職活動を始めなければならなかった。長い不況の影響もあって，就職活動に費やされる期間が長くなっていたために授業を欠席しなければならない状況も多く見受けられ，これを補う仕組みが必要であった。また，生涯学習型社会への適応は，今後さまざまな方面へ進むであろう女子学生が，どんな場面にあっても学習を継続していくためには自ら学ぶ方法を身につけていることが必要であったのである。

　1997年秋，学長をはじめとする教員が北米の大学を視察した。そこで得たものはもちろん導入のノウハウなどもあったが，最も大事な点は

① IT化が重要ではなく，大学としての教育の使命，目標を定めることが重要

② 長期的な展望のもとに計画がたてられるべき

③ 変革に強制を伴わない

といった点であった。

　玉川学園では全人教育に基づいた人間育成を目指して，12の教育信条を掲

げている。21世紀にふさわしい情報化への対応を求めて，1998年から10年間の長期構想に着手し，24時間の教育，自学自律，能率高き教育，国際教育といった教育信条を実現するために，GT-10（Global Tamagawa 10-year Challenge）というプロジェクトを開始した。これは10年を3カ年ごとに

　フェーズ1：ネットワーク等の基盤整備
　フェーズ2：多様な教育への取り組み
　フェーズ3：ネットワーク，ITを利用した新しい玉川教育の実践と確立
という段階目標を設けて各部門において具体化するプロジェクトである。

　女子短期大学では，前述のような理由からも，LearningSpace導入を基盤としてネットワーク授業の構築を軸にキャンパスの学習環境を整備するグローバル・キャンパス・プロジェクトを開始し，学生一人ひとりがノート型パソコンを携帯するMy PCプロジェクト，共有設備としてのインターネットカフェの整備やマルチメディア工房の設置などとともにGT-10プロジェクトをスタートさせた。ネットワークを利用した授業の目標として掲げたのは

　① 学ぶ姿勢の変化を促すこと（自ら学ぶ力をつける）
　② 情報化社会の特性を理解し利用できる態度を養うこと
　③ ネットワークの双方向性を利用して，円滑なコミュニケーションを図り，
　　 互いに学ぶ姿勢を育てること

の3点である。女子短期大学ではLearningSpaceを利用したネットワーク授業の取り組みにより，「自分のペースで学習が進められる」，「自主的に，積極的に学ぶ姿勢が身につく」，「他学生から学ぶことが多くなる」，といった高評価を得て，科目数も徐々に増加し成果をおさめた（図3.1）。

　さらに，2001年に新設された玉川大学経営学部国際経営学科では開設当初よりeラーニング・システムを全面的に採用し，教室設備の整備，スタッフ要員の確保，教員への研修，学生のノート型パソコン携帯を推し進め，全科目をLearningSpaceを利用して開講する取り組みをスタートした。

　これまで，女子短期大学，および経営学部での実践の中で，eラーニング・システムの利用方法としてさまざまな利用形態が生み出された。

　① 対面授業代用型

　授業の90％以上をネットワークを利用して開講する形式。授業内容のすべ

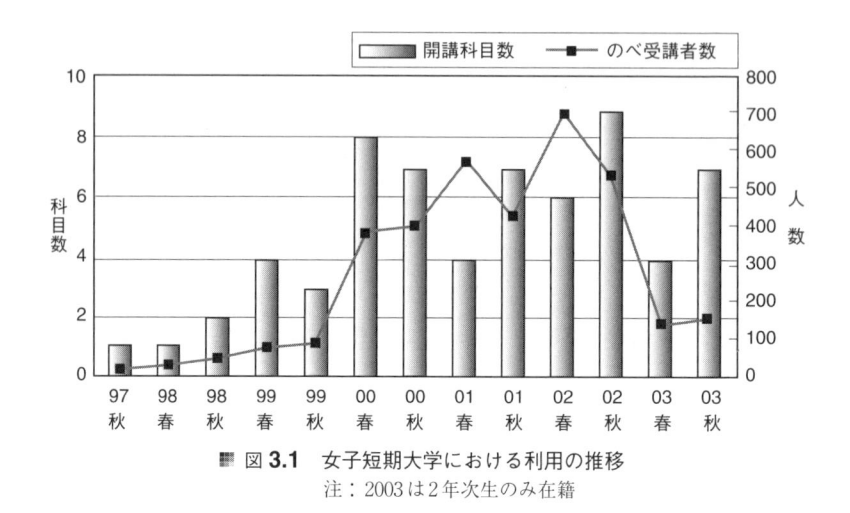

図 3.1 女子短期大学における利用の推移
注：2003は2年次生のみ在籍

てがネットワーク上に用意され，ネットワーク上のコミュニケーションを通じて学習する。

② 授業補完型

授業のうち数回（30～40％程度）をネットワークで開講する。授業はこれまでどおり対面式講義を行い，ディスカッションや，課題提出などの比較的ネットワーク授業の効果が期待できる機能を組み合わせて利用する。

③ 授業＋アルファ型

対面式講義を行うが，授業時間内ではおさまりきれない演習課題などの資料提供，予習・復習事項や，課題の指導を行う。

④ 一部機能利用型

課題提出，答案返却，小テスト，学生への一斉連絡，といった一部機能のみを利用する。

これらの中でも最も定着したのは，ブレンディッド・ラーニング型（ハイブリッド型）とも称される授業形態である。対面の授業はこれまでと同じように行い，予習・復習・課題回収・教員-学生間コミュニケーションなど一部をeラーニングによって補完する形態である。上記でいえば，②～④に相当する。授業をハイブリッドにすることにより，対面学習と個別学習のメリットが相乗効果として表れ，学習者の理解度の向上と細かなケアが実現できる。なお，こ

れらの取り組みの詳細についてはすでに出版されている『ICTを活用した大学授業』[1]を参照していただきたいが，学生からの反応を見ると，「これまで授業のテーマについて，これほど人の意見を聞いたことがなく，また積極的発言もできなかった。もっと普通の授業でも意見を積極的に述べたい」といったように明らかに学習態度や学習の習慣化に変化が起こっていることを感じる。履修者はこれらの授業を通して，主体的に学ぶことを体験していると実感できることは大きな収穫である。

2 システム・スタッフの役割

　大学でのeラーニング・システムの基本要素は「コンピュータ・システム」，「ネットワーク・システム」，「教材コンテンツ」そして「パソコン端末」である。それらが互いに連携し，教育基盤が成立する。そして，ユーザーである「学生」と「教員」がこれらを使い，協調しながら授業が進められていく。

　eラーニングによる授業が円滑に進められるためには，システムの稼動が常にスムーズに行われ，何らかの障害や不具合が発生した場合には迅速に復旧されなければならない。また，ユーザーは自身で抱く疑問や不明点を解決するための窓口を必要とする。さらに，教材コンテンツは従来の授業内容を単に電子化するだけでなく，口述による授業以上に見やすさ，わかりやすさが要求され，ICTを活用したものならではのものとしなければならない。どの教員も，これらすべてに対応するのには無理がある。とくに，昨今のeラーニング・システムは機能が向上し複雑化している。また，対象となる学生も増加傾向にあり，eラーニング授業の推進には専属のスタッフによるサポートが重要になってきている。

　本学では，授業へのIT活用検討を始めた当初から支援スタッフをおき，システムとユーザーをサポートしてきた。現在では，教育支援組織として，技術者，コンテンツ開発者などの専任スタッフによる組織が設置され，eラーニングを側面から支えている（図3.2）。

　以下，本学のeラーニング・システムに関連する開発および支援体制について詳説する。

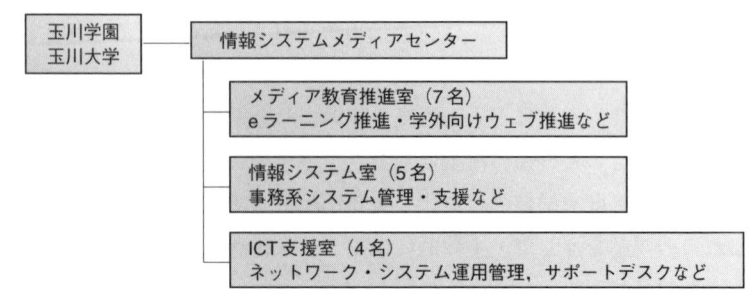

```
玉川学園        情報システムメディアセンター
玉川大学
                ┌─────────────────────────────────┐
                │ メディア教育推進室（7名）          │
                │ eラーニング推進・学外向けウェブ推進など │
                ├─────────────────────────────────┤
                │ 情報システム室（5名）             │
                │ 事務系システム管理・支援など        │
                ├─────────────────────────────────┤
                │ ICT支援室（4名）                 │
                │ ネットワーク・システム運用管理，サポートデスクなど │
                └─────────────────────────────────┘
```

■ 図 3.2　学内 IT 支援組織
注：2004年4月1日現在（人数は管理職含む）

学内ネットワーク

本学キャンパス・ネットワークは，大学だけでなく，幼稚部・小学部・中学部・高等部，および付属施設に伸び，教育情報システムや事務処理システムが利用している。本学では1996年にATMネットワークを敷設して利用していたが，デジタル情報の利用が増加し，既存のネットワークでは対応しきれなくなった。そこで2000年，大学の教育系ネットワーク（コンピュータ演習室ネットワーク）を独立させ，ギガビットの情報転送を処理できる高速ネットワークを構築した。さらに，将来の技術進歩にも耐えうる全学的ネットワーク・インフラとするために，2003年に10ギガビットの光ネットワークに再構築した。

情報の生命線であるネットワークは高速性とともに「障害時対応の機動性を考慮した冗長性」，「シンプルなアーキテクチャ」，「コンピュータ・ウィルスへの耐性」，「保守の容易さ」など総合的かつ長期的観点での構成とすることが求められる。ネットワークの再構築によって学内トラフィックにゆとりができ，安定した情報化への取り組みが可能となった。

eラーニング・コース開発支援

本学でのeラーニングのコース開発の体制は，先導している教員を中心にほぼ教員自身が教材コンテンツを開発した段階から，分担して開発する段階（教員自身による開発/教育支援部門による開発/外部業者による開発委託）に移行してきた。2002年度からは，教材コンテンツの開発の内製化（学内のみで開

発）へ移行を進め，開発にかかるコストの削減とともに，開発経験・ノウハウの蓄積と人材の育成をはかることを目指し，現在では教員と支援スタッフが分担してコンテンツ開発にあたっている。この支援スタッフは，現在，コンテンツ専任者を中心に，数名が業務をやりくりしながらあたっている。またとくに学期初めの繁忙時期には1名をアウトソーシングとして確保している。

一般の対面授業では，教員は必要となる資料などを適宜配布しながら授業を進め，学生からの質問や，授業中の反応などを確かめながら調整している。しかし，教員と学生が時間的，場所的に離れている場合，このような教員によるきめ細かい調整は困難である。したがって，eラーニングでは教材コンテンツのわかりやすさや，適切な分量などへの配慮を意識しつつ，前もって全体を構成しておかなければならない。加えて，学習者が意欲的に学習を進められるように，コースを設計・開発する段階で，学習内容を理解しやすくするためのアニメーションや動画による解説などの"味つけ"や，学習者の達成感を与える動機づけ，学習者同士，あるいは教員との間でのコミュニケーションを促進するような工夫が重要となる。

ここで重要な役割として存在するのが支援スタッフの「コンサルティング能力」である。授業の目的に添ったコース・コンテンツを構築するためには，当然，担当教員の思い描く授業展開を具体化しなければならない。教員のイメージを引き出し，eラーニングの特性や対面授業とは異なる点を配慮しながら，いかに具現化するかが成功の大きなポイントとなる。

このため，実際に開発する前に教員と十分にコミュニケーションをとり，イメージを具体化しながら，時にはeラーニングにマッチするように提言も行いながら，授業コース全体を設計するのがコンサルティングの大きな役割である。このようなeラーニング独特の授業構成・教材開発にはノウハウが必要であり，学内専任スタッフを育成して学内にノウハウを蓄積・共有・展開していかなければ，eラーニングの効果を引き出すことはできないと考える。玉川大学の場合は，専任のスタッフが分担して各教員のサポートにあたることで，コミュニケーションの密度を濃くするように心がけている。同時に支援スタッフ間でも横の連携もとりながら，スタッフ全体が一定レベルのノウハウを共有できるようにしている。

また，実際のeラーニングでは，以上のような教材コンテンツだけではなく，受講者の登録（その科目の履修登録情報），アンケートやテストの集計された結果，収集された課題，学習者やインストラクタのプロフィールなど，学習を効率的にするためにさまざまなデータが作成・編集・管理されていくことになる。これらは，それぞれがデータベースとして相互に密接に連携しながら管理されている。教員や学生はシステム内部の管理構造について意識する必要はないが，時としてデータの不整合や不具合などが生じれば，その原因を究明しなければならないことがある。このような場合には，かなり詳しい技術的なスキルが要求されるので，システムの専任者がベンダーと連絡をとりながら原因調査・対策・復旧にあたる。コンピュータ・システム上で動くeラーニング・システムは，やはり技術的な支援が不可欠なものであり，授業時間以外でも多くの人がかかわっている。今後いかにこの手間と時間を効率化するかが，すべてのeラーニング運営に共通の課題であろう。

　教育支援部門としての業務は，コース・コンテンツの開発だけにとどまらない。教員や学生の所持するパソコンのトラブル対応，キャンパス内の大学共通コンピュータ演習室の運営維持管理，学部のeラーニング推進の支援など，IT技術が日常的に教育に取り入れられている今日では，支援スタッフの役割がますます大きくなってきている。玉川大学においても教育支援部門業務の拡大と効率化を進めてきたが，今後のeラーニング・コースの増加に対応できる人員をどう確保するか，限りある人材とコストの中での教員サービスを維持するための施策が当面の課題である。eラーニングによる授業には，多くのメリットと可能性があるが，同時にコストと多くの手間がかかることも事実であり，教育支援スタッフの存在はeラーニングの成功の一つの鍵を握っているといってよいだろう。

3　新たなプラットフォームの選定に向けて

　このようにしてeラーニングを推進してきた玉川大学であるが，2003年度は，新たなステップアップに向けての起点となった年であった。というのは，全学的なeラーニング学習環境の構築を課題として，果たしてこれまで利用してき

たLearningSpaceを今後も継続利用していくか、あるいは、新たなシステムに移行するか、次期システムを選定する必要にせまられたからであった。北米に目を向ければ、この5年間にロータス社のLearningSpaceに代わって、大学内で開発され進化したWebCT，Blackboardといったプラットフォームが新たなeラーニング・システム＝LMS（Learning Management System，学習管理システム）として開発され、それを利用する教育機関が急速に増加していた。このような情勢に加え、本学におけるLearningSpaceの保守・サポート契約の期限、学生にパソコン所持を義務づける学科の増加などのさまざまな要因も重なり、システムの再検討ということになったのである。

本節では、そのプラットフォームの選定にあたって重視したポイントと、選定のために行ったパイロット授業について述べたい。

重視したポイント

文系、理系の学部をもち、ブレンディッド・ラーニング推進のためのeラーニングを目的とする本学にとって、プラットフォームの選定にあたっては、以下の4点がポイントであった。

（1）教員、学生にとって容易に利用できること

より多くの科目がeラーニングの効果を活用し、学生の学習機会の向上と均衡化をはかりたい。このためには、より多くの教員がeラーニングを活用した授業を展開しなければならないが、そのためには教材の掲載や学生管理に特別なスキルを必要としないものであること、なるべくブラウザだけで完結し他のソフトの習熟を要求しないことが重要になる。

（2）マルチ言語が対応できること

学内には日本語を母国語としない外国人教員が多くいるが、そうした教員の利用に供するため、画面メッセージなど必要に応じて各種の言語が選べることが必要になる。

（3）教育機関（大学）のための仕様であること

本学では対面授業による教育を第一に考えており、eラーニングはその補完が主目的となる。したがって、すべてを遠隔教育で実施するようなシステムや企業経営に適したシステムではなく、大学授業を前提にした仕様であることを

考慮しなければならない。
（4）　コスト，サポートに協力的であること
　長期的に継続して活用していく上では，イニシャル・コスト，ランニング・コストが極力抑えられる製品であること，また，さまざまな支援をレスポンスよく一元的に扱う企業の製品であることも不可欠である。
　これらのポイントを中心に，実際に教員，学生，支援スタッフが運用するパイロット授業を設定し，いくつかの代表的な商用システムを検証することとなった。

WebCTとLearningSpaceの比較

　周知のとおり，WebCT（Web Course Tool）は，カナダのブリティッシュ・コロンビア大学で開発されたコンピュータ・ネットワークを利用した学習支援システム（LMS）である。システムのソースを自由公開したため，人々の手を経てさまざまな機能の開発，補正が行われ，北米の高等教育機関では現在，最もよく利用されているシステムの一つであり，現在では米国にWebCT社が設立され，開発・販売が行われている。日本では名古屋大学が日本語化を推進し，名古屋大学を基盤とするベンチャー企業，（株）エミットジャパンが開発の中心を担い，日本でも多くの大学が採用している。
　現在，北米ではWebCT以外に，Blackboardシステムも同様に高等教育機関で多く利用されており，この2システムがLMSのシェアを2分している。その状況をまずは探るべく，米国の両者ウェブサイトから，試用IDを取得し，機能の比較を試みた。
　今後，学内全体での導入を考えるとどのシステムであっても，日本語版が利用できることが一つの条件となる。当時日本語化に取り組んでいるという情報はあったものの，あまり詳細な情報を得ることができなかったため，2002年7月にボストンで行われたWebCTユーザー会に参加し，詳細を検討することとした。この時点で筆者らがWebCTを選んだのは，試用ID取得後WebCTからは間断なく情報が送られてきたが，ブラックボード社はいつのまにか情報が途絶え，IDも使えなくなっていたからである。北米でのコンピュータやネットワーク関連のユーザー会は，実に熱心な会員の存在によって支えられているといってよい。どんな小さなことでも互いにシェアしようという気持ちにあふれ

た参加者は北米各地から集まり，次期新バージョンの機能や操作の講習会や，実施報告，研究発表が熱心に行われる．日本ではこのような会にあまり出合ったことがない．時には「こんなあたりまえのことまで発表するのか」といった場面に出くわすことがあるが，当事者たちは，非常にまじめに自分が歩んできた道のりを堂々と発表し，互いに実施体験を語り合う．このようなコミュニティが存在することが，WebCTの魅力であると感じた次第である．

そこで，筆者らは現行のLearningSpaceで開講した授業の一つである「全人教育（情報教育）」をWebCTを利用して開講し（図3.3），両システムの比較評価を行うこととした．「全人教育（情報教育）」の概要や目的は表3.1のとおりである．

また，WebCTを用いて「リベラルアーツ入門」という新しい科目も開講し

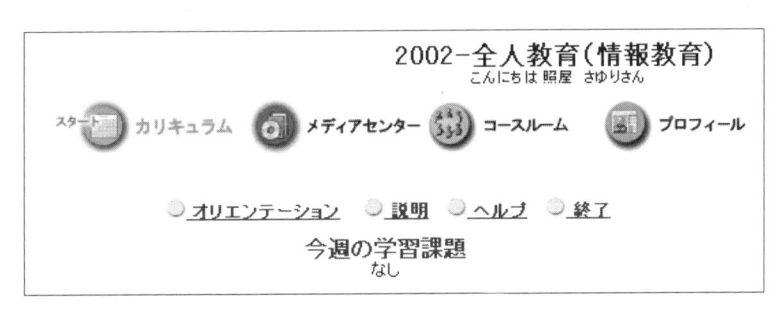

■ 図 **3.3a** LearningSpaceのスタート画面

■ 図 **3.3b** WebCTのスタート画面

表3.1	「全人教育（情報教育）」の概要や目的

科目名：全人教育（情報教育）（新入生必修の情報リテラシー教育）

科目の概要：Windowsを用いてコンピュータの基本操作を学ぶ．とくに，在学中に必要になる，レポート作成，電子メールによるコミュニケーション，ネットワーク授業の受講，インターネットの利用と情報検索，コンピュータを利用するために必要な情報倫理などを中心に学ぶ．

科目の目標：本学の授業を受ける上で必要な
1. Windowsの概念を知り，基本操作ができる
2. MS-Wordを使ってレポート程度の文章を作成することができる
3. 電子メールの送受信，およびファイルの添付ができる
4. 情報倫理の概念を知り，本学にふさわしい態度でIT技術を活用することができる

表3.2	「リベラルアーツ入門」の概要や目的

科目名：リベラルアーツ入門

科目の概要：本講は複数の講師によるオムニバス形式の授業で，リベラルアーツ学科の8メジャー各分野を専門としながら，実際に研究現場や社会に出て活躍されている先生や研究者をお招きする．各先生のお話をうかがうことを通じて，リベラルアーツ学科でこれから4年間学習する内容について具体的なイメージを作り，輪郭をつかんでもらうことが目的となる．

科目の目標：リベラルアーツ学科で学習する内容が，将来の研究や仕事にどのようにかかわるかを理解する．

学習方法：毎回さまざまな分野の講師がレクチャーを行う．講義をビデオ撮影し，提示された資料，視聴覚資料（PowerPoint），黒板資料などを画像として，復習または，欠席者向けの補助講義に利用する．PowerPointが使われた場合は，講義ビデオ等と同期をとった状態で提供する．

た（表3.2，図3.4）．

その他，システムの検証のため，アンケート提出機能，日本語表記など下記のいくつかの機能を利用してみた．

（1） Listening Marathon

学生は，ある会員制の英語視聴教材をインターネットを通じて毎日視聴し，アンケートに記入する．120日を期間としているため，期間中毎日視聴した場

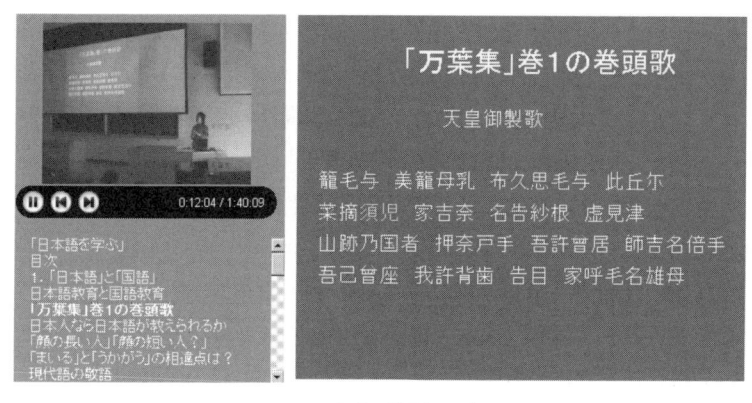

図 3.4 教材の一例

合は最大120回のアンケートを提出することになる。このアンケート回収を行った結果，WebCTは，①課題設定時に，テスト設定や公開条件などに細かい設定を加えることが可能であること，②質問形式は選択，整合，計算，短答，小論文が選択でき，数式エディターも利用可能なことがわかった。

（2）アンケート，科目抽選

WebCTのアンケート回答を表計算形式でエクスポートできる機能を使い，学生に対して，メジャー希望のアンケート，研修会への申し込み，科目の事前抽選申し込みなどを実施し，集計したが，非常に容易であった。とくに簡単なアンケートはその場で集計結果がグラフ等で表示されることは，結果を知るのに効率的であり，詳細データはCSV形式などでダウンロード可能であるため，Excelなどの表計算ソフトで取り込み，データとしての再利用をはかることができる。

（3）日本語表現

ディスカッション機能を利用して，各グループ内で文章によるディスカッションを行い，それをグループワークとして利用する。

このようにWebCTを利用した結果，下記のような比較結果が得られた。

〈LearningSpace〉
- オフラインでの作業が可能
- 提出された課題の分類機能が豊富（日時，ID）

- 課題採点終了確認などを電子メールで受講者に自動的に送信することができる
- ビジネス向けで開発されたため，教育機関向けと用語があわないことがある
- 基盤としてLotus Notesが必要である
- サポート体制の変化により，今後の発展が望めない

〈WebCT〉
- 高等教育機関で開発されたので，教育機関向けの機能が充実している
- 細かいコース設定，課題設定が可能
- 分析機能が豊富
- 電子メールとは連動していない（システム内メールは可能）
- HTML文書に関するスキルがある程度必要
- 操作項目が多く，複雑

表3.3　アンケート回答の上位10項目

良かった点	・好きな時間に自分のペースでできる ・PCが使えるようになった（PC操作が向上した，自然に身につく） ・自分の意思で積極的に学習することにつながる ・課題を分けて取り組むことができる（繰り返しできる） ・意欲的に参加できるかたちである（自学自律が促される） ・人にあわせなくてよい ・家庭から学習ができる ・どこでもできる ・メールで気軽に質問できる ・欠席することがない
欠　点	・質疑のレスポンスが問題（リアルタイムでない） ・PCに慣れていない人は難しい ・自分から進んで行わないといけない（学生の意欲に依存する） ・人とのコミュニケーションに欠ける ・接続の不備が影響する（ブロードバンド化されていない） ・手抜きができるのではないか（不正行為） ・PCがこわれたらできない ・提出の確認が不安 ・近くに先生（友人）がいないのが不安 ・授業という緊張感や責任感が希薄になる

今回は，新設学科の授業をWebCTシステムを利用して開講したため，同一の学生が2つのシステムを比較検討した結果を得ることができなかったが，WebCTを利用してのアンケート結果は表3.3のとおりであり，これまでのシステムであるLearningSpaceの利用者から得られた回答とあまり大差はない。すなわち，システム的にはこれまでのシステムとほぼ同じ利用感が得られているものと判断できる。

4 BlackboardとLearningSpaceの比較

次にBlackboardとLearningSpaceの比較を試みた。Blackboardは「インターネットを学習・教育のためのパワフルな環境にする」目的のために米コーネル大学で開発された。その後1998年に商業ベースの商品となり，現在では世界中で45カ国2900の機関に導入され，ユーザー数はおよそ600万人に上る世界トップシェアのeラーニング・プラットフォームである（図3.5）。国内でもおよそ30の教育機関，企業，団体に導入されている。

パイロット授業の計画に先立ち，ブラックボード・ジャパン社へ「本学LMSの次期システムを決めるためには，できうる限り多くの教員および学生に実際に利用してもらい，その機能，操作性，効果などを検証したい。しかし，かけるコストは限られている」と打診したところ，非常に好意的に協力してくれることになった。1年間の期限付きという条件のもとで十分なライセンスの発行許諾を得ることができ，41科目においてパイロット授業を行うことがで

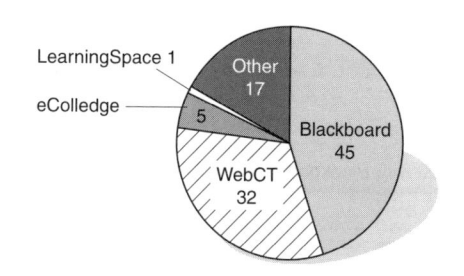

図 **3.5** 北米教育機関でのLMS製品別シェア（%）
(2003 Dunn & Bradstreet（ブラックボードジャパン社提供))

きた。ブラックボード社の日本法人設立の時期でもあり，日本国内における戦略的な意味合いもあっただろうが，結果としてパイロットとして検証するに必要な科目を開講することができた。

WebCTは，先進的な大学コミュニティを中心としてベンチャー企業による製品開発・サポート，販社販売によって展開されている。他方で，Blackboardは，米国本社直轄の日本法人を設立し，ユーザーとのコミュニケーションを集約するというアプローチをとっている。契約，価格交渉，製品の機能改善，開発，支援などのさまざまな要求を一つの窓口で行えるということは，ユーザーにとって安心できる企業スタンスといえる。

パイロット授業

表3.4に見るように，41科目，のべ1400名の学生を対象に行われたパイロット授業は，すでにLearningSpaceによるeラーニングの学習環境に慣れている学部の学生に対して，Blackboardを利用させ，両者を比較させると同時に，一般的なeラーニングの学習効果を広く学内に認識させることを目的として，これまでeラーニング授業を行っていない教員に対しても，パイロット授業への協力を要請した。

春学期終了後，いくつかの科目を選抜し学生へのアンケートを実施した。WBTの学習環境を利用していたかどうかによって，表3.5のように3グループに分けて集計した。

いくつかの設問についての回答結果を見ていこう。

（1） 講義内容をBlackboardに掲載したことをどのように評価するか

全体的に高い評価をしているが，とくに①のグループの高評価の割合が高い。これはLearningSpaceと比較した結果と思われ，すでにeラーニングの恩恵を

表3.4 2003年度Blackboardによるパイロット授業

	春学期	秋学期	計
パイロット授業科目	9	32	41
学生数（のべ）	244	1143	1387
教員数（のべ）	7	16	23

3. 個別学習型 e ラーニングの実践とシステム評価——玉川大学

表 3.5　WBT の学習環境の利用状況アンケート

グループ	有効回答数
① LearningSpace による授業を経験しており，ノート型パソコンを授業で活用している学部の学生（経営学部 2・3 年生）	20
② LearningSpace による授業は経験していないが，ノート型パソコンを授業で活用している学部の学生（経営学部 1 年生）	76
③ LearningSpace による授業の経験はなく，ノート型パソコンによる授業を実践していない学部の学生	94

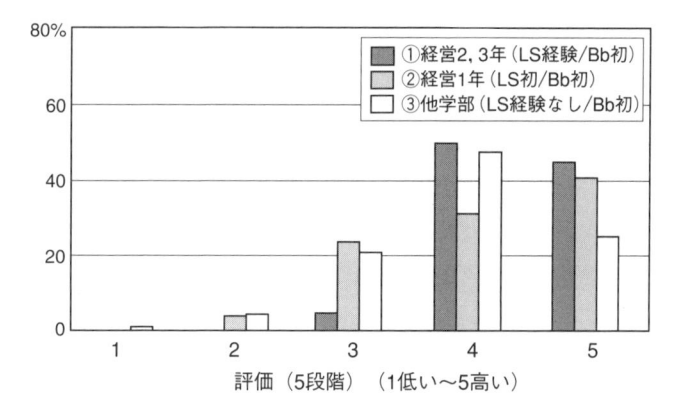

図 3.6　講義内容を Blackboard に掲載したことをどのように評価するか

受けている学生にとっても Blackboard への満足度は高いようである（図 3.6）。

（2）　Blackboard の操作性に関する満足度

①のグループの 80％以上が，これまでの LearningSpace と比較して「使いやすい」と評価した。一方，同じように LearningSpace による授業を受講していない②および③のグループを比較すると，②（1 年生）のグループの評価が高くない。彼らにとって入学最初のセメスタだったので多少の戸惑いがあったのかもしれない。e ラーニングによる学習の前に基本的な IT に関する知識を与えるべきであろう。

（3）　学生の感想

とくに Blackboard に対する肯定的な意見として「画面がシンプル」，「デザ

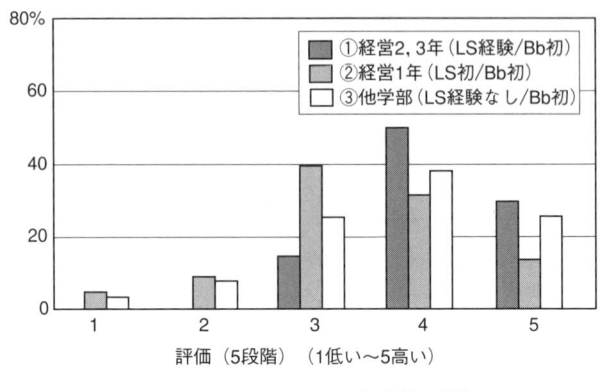

図3.7 Blackboardの操作性の評価

インも見やすかった」,「画面表示が早い」などがあった．他方で，これまで使い慣れていることが主たる理由だろうが，LearningSpaceの方が使いやすいという学生もおり，一概にどちらかが優れているとは断定できない側面をもつ（図3.7）．ただ，システムの機能や操作性以外に，教材の内容や，教員とのコミュニケーションに関する意見も多く，eラーニングでの学習環境といっても，やはり学生に対しては基本的な授業運営が重要であることをあらためて認識させられた．

教員の評価

学生からの評価とともに，今回担当した教員の中で，いままでLearningSpaceを活用した授業の経験者と，初めて試みた教員に対してもヒアリングを行った．表3.6からは，一般的なeラーニングの効果とともに，LearningSpaceと比較してBlackboardには「わかりやすさ」，「アクセスの軽さ」といった肯定的な意見があり，Blackboardに分があるようだ．同時に，eラーニングに共通の課題点として「著作権の問題」や「学生のITスキル・環境の問題」などが挙がっており，これらの問題の解決が重要であることが明らかになった．

システム責任者の視点からの評価

筆者ら自身もLearningSpace，Blackboard，WebCTと3種類のLMSを使っ

表3.6　パイロット授業担当教員のBlackboardに対する主な意見

教育効果	・復習のための環境として大きな効果がある。授業の補完として機能した ・大学に来ることができない教育実習中やフィールドワークに出ている学生のフォローに効果的だった ・操作が簡単で，学生への説明がほとんど必要なかった ・ディスカッション機能を利用していつでも発言ができ，相互に良い刺激になる
課題点	・教材コンテンツの掲載が負担になる ・教材の著作権についての学内ルールと明文化が必要 ・基礎的なITスキルが前提となる ・学生のIT環境（PC所持，自宅のネット環境など）によって進み方に差が出る ・あまり重い（凝った）教材の掲載が難しい

表3.7　ツールとしてのLMS比較

	主な長所	主な短所
LearningSpace	課題回収・フィードバック オフラインでの教材開発	教材開発はWindowsのみ 独特な画面インタフェース
Blackboard	教材掲載など操作が容易 マルチ言語対応 詳細なアクセス解析	課題管理の弱さ カレンダ機能の弱さ
WebCT	豊富な機能，細かな設定／管理 教材ファイル管理が充実	教材はHTMLファイルによる 操作，用語の難しさ WebCT内クローズドな電子メール

て授業をしてみた。教員としてこれらのプラットフォームを実際に使用してみた結果としては，それぞれ一長一短があり，どれが最良のものだとは断言できないが，主な長所と短所は表3.7のようにまとめられるであろう。

　教員がLMSをツールとして使用する場合には，いくつかの評価ポイントが考えられるが，次期LMSとして広く学内で活用することと，継続的に使い続けることを念頭においた場合に，今回は，「いかに多くの教員が使えるか」ということが最大の関心であった。この「使える」という定義は難しいところではあるが，

　・教材の掲載の容易さ

- 学生管理の容易さ，わかりやすさ
- 教員−学生間コミュニケーションの容易さ（とくに課題ファイルの回収，学生へのフィードバック）

を重点的に評価した．LMSを活用した授業において，この3点が常に多くの時間とパワーを必要としてきたからである．この点においてBlackboardの特徴は，

- ウェブ画面上ですべて完結し，HTMLなどのスキルを要求せずに教材を掲載できる．より高度な教材としたければ，画像などを含んだHTMLファイルの掲載も可能．
- 学生の成績をスプレッドシート形式で管理できる．小テストの採点は自動的に反映され，課題レポートなどの独自の採点項目を付け加えることもできる．学生のアクセス状況をグラフ化してみることができるので，参照状況の把握に役立つ．
- 教員と各学生には仮想的な私書箱（デジタル・ドロップボックス）があり，ファイルを添付して提出させることができる．また，電子メールアドレスを自由に登録できるので，電子メールによるコミュニケーションが容易．

ということがいえる．しかし，他のツールと比べての最大の問題点は，課題レポート回収管理および学生個々へのフィードバック機能の貧弱さである．デジタル・ドロップボックスと呼ばれる仮想的な私書箱を介してレポートの受け取りはできるのだが，コメントを返したり，受領した記録をいろいろな観点（学生別，課題の種類など）でソートしたりできるような機能は見当たらない．また，簡単に教材を掲載できる点は評価できるものの，多少の修飾（太字，下線，文字サイズなど）を与えたいときがある．できれば画面上で簡単なワープロレベルの編集ができるとよりわかりやすい教材とできるだろう．

5 LMS評価の結果と今後の計画

　以上のパイロット授業を通して，3つの商用サイトを前述した4つのポイントから総合的に評価した結果，次期eラーニング・プラットフォームとして，われわれは最終的に「Blackboard Learning System ML（Multi-Language）」を

選定した．とくに特別なITスキルを要求しない「敷居の低さ」が本学には適しており，それがBlackboardを採用した最大の理由である．

今回評価したWebCTはBlackboardに比べて機能が非常に豊富であり，授業運営管理（課題期限設定やテストの指示など）も細かく設定できる．機能面としてみた限りではWebCTに分があるが，なにぶん教材開発に一定レベルのスキルを要求するので，すべての教員が活用するのは難しい．また，他のプラットフォームも優れたものが多いが，本学のeラーニングのポリシーに合致したものは見つけられなかった．

LMSはツールであり，それ自体が目的ではない．そのツールをいかにうまく使いこなせるか，そしてその結果，いかに学生の学習に貢献できるかが目的なのである．機能としてみると，現在のeラーニング・プラットフォームはどれも優れた特徴をもっており，その中から一つを選定するのは難しかった．しかし，長期的に継続して利用するためには，単に機能面だけではなく，大学にとってどれだけ広く活用することができるか，かかるコスト以上の効果を上げることができるか，プラットフォームを運営するための学内/学外支援体制は整うか，など複合的な視点で判断すべきであり，eラーニングに対する大学の教育ポリシーにそったものでなければならない．2003年にパイロット授業を通して3つのシステムを検討したことは，玉川大学のeラーニングが新たな一歩を踏み出す上で，まさに節目であった．

そして，2004年4月から全学共通のeラーニング・プラットフォームとしてBlackboardの運用を開始している．これまで学部ごとの独自の計画によるシステム設備を，すべて教育支援部門に集約し，予算化，メンテナンス，教材開発支援，学生サポートを一元化した．このプラットフォームを核に，

（1） eラーニングによる全学的なAny Time, Any Placeの学習環境の実現
（2） システム運用一元化によるコスト，保守業務などの効率化
（3） 全学的なITスキルの向上

を推進していくことを目標に掲げ，日々邁進している．

教育支援部門が中心となって全学的にeラーニングを普及し，学習効果の向上のための施策を考えると同時に，これまでも指摘されてきた，著作権処理のルール化，教材コンテンツのノウハウ蓄積と共有，定期的な効果測定などの新

たな取り組みを課題としている。今,まさにGT-10 (Global Tamagawa 10-year Challenge) の「フェーズ3:新しい玉川教育の実践と確立」に実現に向けて推進していく予定である。

(照屋さゆり・橋本順一)

備　考
　本章では,主にこれまでの実践経緯,WebCTによるパイロット授業の考察を照屋が,スタッフの役割,Blackboadによるパイロット授業の考察を橋本が執筆した。
　また,本章は2004年5月時点のものであり,その後各社eラーニング・プラットフォームは機能改善が進み,本学におけるeラーニングの実践も進展しており,現在は内容の一部が変化していることをご承知願いたい。

注
　1　小原芳明編 (2002)『ICTを活用した大学授業』玉川大学出版部.

4 産官学のアライアンスによる実践教育と教育国際化を目指すeラーニング――青山学院大学

青山学院大学 *Data*

2004年4月現在

概要・経緯

目的	教育と企業活動のための"サイバーキャンパス"の実現と普及、そして"eラーニング・プロフェッショナル"の人材開発と育成を目指すことを目的とし、青山学院内の教員をはじめとしてコンソシアム参加の学外教員に対しても、学習管理システムの提供やコンテンツの共同開発などを行っている。
準備期間	3年間（1999年4月から2002年3月）
開始時期	2002年4月から
公開規模視聴可能範囲	公開規模は、正規授業と実証実験授業で異なるが、原則的に一般公開はしていない。連携大学と共同開発した教材は、それぞれの正規授業で共同利用している。
公開科目数	計9科目
授業担当教員数	計14名
（これまでの科目数）	のべ51科目
（これまでの教員数）	のべ37名（正規授業に関する人数）

学習の実際

科目名（例）授業の実際	インストラクショナル・デザインを用いて設計したブレンド型授業「科目名：情報ネットワークリテラシ」 1. 対面授業を毎週実施 2. 対面授業中および事前・事後学習中に学習管理システムを使用してPowerPointを中心とした教材をネットワークで配布 3. 学習管理システムの掲示板および質問機能を使用したディスカッションを実施 4. シミュレーション機能を備えたセルフレギュレーティッド・ラーニング（自己調整学習）教材を予習用として学習管理システムに実装 携帯電話と学習管理システムを活用したモバイル・ベースド・ラーニング「科目名：英語資格試験講座」

1. 対面授業とセルフレギュレーティッド・ラーニングのブレンディッド・ラーニング形式
2. CALL システム（対面），学習管理システム（対面，セルフ），携帯電話（セルフ）を統合利用した複合的な教材提供によって TOEIC スコアの上昇をはかる
3. オンライン・テストを複数回利用するとともに TOEIC 自体も授業前後で実施し，効果を測定

国際共同開発され国際配信する英語授業「科目名：国際コミュニケーション論」
1. セルフレギュレーティッド・ラーニング型の授業で対面授業は原則として行わない
2. 非同期分散型の授業コンテンツを外部サーバーから配信
3. 授業コンテンツはすべて英語，文字テキスト，音声，事前収録したビデオ・ストリーミングなどで構成
4. 学習管理システム上の掲示板でディスカッション課題を科す。メンタリングを実施
5. 課題は個人フォルダに提出
6. 青山学院をハブに国際共同開発，国際配信

対面授業を毎週実施。学生は PC をハンズオンで受講。授業中は教員から資料・教材を提示し，学生は適宜ダウンロードし毎週の課題に取り組む。
学生のグループ発表プレゼンテーションを授業中に撮影・掲載するとともに学生の発表したプレゼン資料を公開し，客観的な自己評価を行う。
小テスト・終了アンケートをオンラインで実施。

システムの構成

ハードウェア	Linux マシン 8 台（サーバーのみ，学習クライアントを除く）
ソフトウェア	Cyber Campus System（Ver.2004）（日本ユニシス（株）との共同開発）

運営

スタッフ総数	計 30 名程度
教員数と役割	教授 4 名（役割：コーディネータ，プロジェクト・マネジャー，SME） 講師 2 名（役割：ワーキンググループ統括，インストラクショナル・デザイナ，コース運用マネジャー）
技術・事務職員数と役割	技官 0 名，事務職員 2 名（役割：事務業務，報告書作成など）
大学院生数と役割	大学院生アルバイト 4 名：インストラクショナル・デザイン，教材作成 大学院生アルバイト 3 名：システム管理 大学院生アルバイト 6 名：メンター，学習者支援
民間企業と担当業務	・日本ユニシス・ソリューション（株）3 名：学習管理システム開発・保守・管理 ・日本ユニシス・ラーニング（株）2 名：インストラクショナル・デザイン（教材，教授法のデザイン）

- （株）ティービーエスコミュニケーションズ2名（のべ6名の輪番）：教材用ASPサーバー保守・管理
- NTTアドバンステクノロジ(株)2名：インストラクショナル・デザイン（教材，教授法のデザイン）

組織体制

```
           青山学院大学総合研究所
                  │    ← 総合研究所運営会議
                  ↓    ← 定例会議，戦略会議
           AMLプロジェクト推進会議
           ↙              ↘
```

サイバーキャンパス教育方法開発プロジェクト［青山学院］
- 新教育方法の研究開発
- 教材の研究開発
- 教育ソフトウェアの研究開発

経営・技術統合化戦略IT研究会［産官学共同研究］
- 教育知的財産研究部会
- インストラクショナル・デザイン研究部会
- 教育用サイバーキャンパスシステム研究部会
- サイバーユニバーシティモデル研究部会
- 学生サービス・モバイル・ラーニング研究部会
- マルチメディア型一貫英語研究部会
- サイバーコミュニケーション研究部会
- モデル・ベースド・ラーニング遠隔授業研究部会
- サイバーコカレントマネジメント研究部会
- ビジネスプロセスモデル研究部会
- 戦略マネジメント研究部会
- マネジメントIT戦略研究部会

評 価

AMLプロジェクトには，さまざまなタイプの授業が実施されているため授業横断的な評価，つまり複数の科目で共通して行われている評価と，各科目ごとに行う評価がある。ここでは授業横断的な評価の例を挙げる。

1. 従来授業の見直し：コンセプト作成
2. ニーズ分析：コンテンツを含む授業デザイン
3. 形成的評価：開発，パイロット授業，修正
4. 学習効率の評価：授業実施中
5. 学習効果の評価：授業実施後の評価
6. 継続的評価：2年目以降の評価

評価のために得られるデータは，アンケート，インタビュー，学習管理システムの学習ログ，さらに提出課題などである。

1　はじめに

　国内外での先進的なeラーニングへの取り組み動向を勘案して，青山学院大学では，7年前から，学院理念の「地の塩，世の光」の実践として，国際社会で貢献できる人材育成を目標に掲げ，経営学部をはじめとした各学部の努力で，情報技術を有効に活用した教育改革を目指してきた。そこで，全学的にeラーニングを有効に活用した教育方法を精力的に研究するために，青山学院大学総合研究所では1998年に，特別プロジェクト AML（Aoyama Media Lab.）を開始した。その AML が第一に手がけた研究活動は，1998・1999年経済産業省および情報処理振興事業協会の「情報化教育モデル学習システム構築事業」の一環として，「バーチャルユニバーシティ構築のための実証実験プロジェクト」としてスタートした。この事業は，387申請案件の中から厳選された63件の中でも，大型のプロジェクトの一つであった。その研究内容として，まず，学習者のニーズと能力を把握・分析し，教育目標を明確化した上で，学習者が満足する学習環境が提供できるようなeラーニングの教育基盤システムと，実践教育用コンテンツの研究開発に着手した。

　その成果は学内外に認められ，2000年度から5年間の予定で，eラーニングをトリガーとした教育パラダイム・シフトを目指すことを旗印として，大学臨時予算と，文部科学省および日本私立学校振興・共済事業団による特別補助を得ることができた。これによって，引き続き，総合研究所の第二次 AML（AMLⅡ）プロジェクトが進められることになった。

　その時点で，eラーニング先進国の欧米では，すでに失敗事例も指摘されるようになっていた。たとえば，過去にeラーニングによる自己学習を導入したが，個々の学習者の学習進度や理解度の違いを把握し，学習支援の中で十分な動機づけ教育を行えなかったために，途中で学習コースを断念する学習者が続出したケースなどである。

　そこで，AMLⅡの活動を始めるにあたり，このようなeラーニングの失敗例を繰り返さないために，eラーニングを，基本的には対面授業を充実するための補完手段として位置づけた。具体的には，事前・事後学習を徹底して，学

力のばらつきを解消するとともに，対面授業での理解度の向上，さらには教育の質を飛躍的に高めるべく，教室内・外に及ぶ学習活動全体で，eラーニングの有効な活用方法の研究を開始したのである。

このことは，すでに世界の潮流となりつつあった複数の学習方法を有効に組み合わせて実施する「ブレンディッド・ラーニング」に対応した授業運用法の研究を意味するばかりでなく，さらに，日本の高等教育の特色をふまえた独自の教授法（後述する「融合型授業」）を創生するための研究を開始したことも意味している。AML Ⅱプロジェクトのこのような方針は，青山学院大学・大学院ならびに短大から参加者を得たことに加えて，他大学と企業との連携強化にもつながり，プロジェクトは15の研究課題を掲げて研究部会を組織し，現在に至っている。

そして，AML Ⅱプロジェクトの活動を国際的に拡大するため，私たちは2002年度から，経済産業省のAEN（Asia e-Learning Network）事業に参画し，青山学院大学総合研究所特別プロジェクトA^2EN（Aoyama & Asia e-Learning Network）としても活動を開始し，eラーニング専門家育成プログラムの開発に関して，ASEAN諸国の中で国際・国内リーダーをつとめ，国家プロジェクトの一端を担い続けている。

このように，現時点で振り返ると，特別プロジェクトの研究活動はいかにも順調に発展し続けてきたように見える。もちろん私たちなりに最大の努力をし続けてきたことがその一因であるが，それ以上に，幸いであったのは，さまざまな支援や導きを，本当に必要なときに，内外からいただき続けたことである。多くの方々がプロジェクトを支えてくださらなければプロジェクト継続はままならなかったことを自覚し，感謝する日々である。

実際，先の第一次AMLプロジェクトとして最初に手がけた大型の国家事業として取り組んだ実証実験プロジェクトが成功し，幸いにも当初のプロジェクト期間終了後にも継続できたが，前述した激戦の中から採択された63件のうち，このように継続的な研究活動として成功できたものはAML以外になかったのである。このことは，AMLへの支援を幅広くいただけたことを示すとともに，単年度単位での予算措置が多い国家事業に対して，複数年度にまたがった中長期的な研究活動を継続化することがいかに困難であるかということを示

している。

　さらに，大型予算が必要となるeラーニング・プロジェクトの継続に関しては，大学内では各学部との予算調整に関する課題もクリアしなければならなかった。結果的に，私たちは，大型予算を裏づける学院ならびに大学全体に対する成果を顕在化することで大学経営トップを説得し，全学合意をとりつけてきたが，このような組織運営上の調整努力は，一般に日本の大学にとっても，また大学と関係を持ち続けてビジネス上の連携を模索している企業側にとっても，簡単なものではないはずである。

　このような日本の情況は，eラーニングの教育研究にとって大きな障害となる。なぜなら，eラーニングでは，学習効果が上がるまでに一定の期間を必要とし，それまでに，多額で長期的な投資や専門的な人材を必要とするからである。したがって，日本の高等教育におけるeラーニングの発展には，持続可能な研究と実践を，産学が協働し続けていく強い意志と，関係者の創意工夫が不可欠であると思われる。

　そこで，本章では，eラーニングに取り組まれている高等教育関係者の一助となることを目指して，私たちの経験を具体的に織り交ぜながら述べていくことを心がけた。まず一般論として2節で，日本の高等教育の特色をふまえながら，eラーニング推進の阻害要因として，「金ない，人ない，時間ない」という「3ない」のジレンマに陥ることがあり，eラーニングがバラ色の世界にはなり得ない情況にあることを指摘する。次の3節では，「3ない」阻害要因の克服法について示唆したい。それらに対する具体的な実践事例として，4節以降では，前述したようにAMLが目指した，eラーニングをトリガーとした教育パラダイム・シフトの特色や，研究テーマとしての取り組みについて述べる。そして5節では，阻害要因の克服方法として，継続的なプロジェクト活動を産官学で連携して進めていくために，どのような制度，ヒト，モノ（＋技術開発），カネの仕組みをつくりあげる努力をしてきたかを紹介する。6節では，プロジェクト内で組織した研究部会からの具体的な研究成果として，eラーニング正規授業の実践例と，それぞれの授業の学習効果を概観する。最後に6節では，さらなる産官学共同研究の進展と，教育の国際化を目指して，新たな総合研究プロジェクトとしてA^2ENプロジェクトをどのように展開しているのかについて示したい。

2 eラーニングの障壁

　ここからは，私たちがプロジェクトを進めていく過程で実際に経験した問題や，eラーニングに関する調査・研究を通して知ることができた課題について検討し，次節ではそれらを乗り越える手法を提案する。

大学eラーニングの3大障害

　高等教育機関でeラーニングに取り組んでいる教員や職員の不満や不安は，置かれているコンテクストによって異なっている。たとえば，現在まさにeラーニングを導入しようとしている教員からは，「興味を示す同僚が少ない」，「そもそも組織のトップがきちんと理解してくれない」，「膨大な作業量を受け入れる仕組みがない」といった声を聞く。

　一方，すでにeラーニング授業を実施している大学では，「学生が期待していたほど学習しない」，「維持管理に人手や時間がかかりすぎる」，「ベンダー企業との意思疎通がうまくいかない」などの問題に直面しているかもしれない。

　このような問題点を整理してみると，次の3つにまとめることができる。

（1）　導入に伴う「3ない」運動：導入初期の物理的な問題

　「3ない」とは「金ない，人ない，時間ない」ということである。法人化し予算執行が厳しく査定される国立大はもちろんのこと，ほとんどの私立大学も，eラーニングに潤沢な経費を投入できる状況にはない。しかも，eラーニングはまとまった初期投資を必要とするため，短期的には新たに非常勤講師を雇い入れるより割高になる場合が多い。

　また，大学教員1人でeラーニングのためのコンテンツを効率的に作成したり，システムの保守を行ったりすることは難しい。効果的なeラーニング授業を継続的に提供するには，コースを分析，設計，開発，実施，評価するインストラクショナル・デザイナや，メディア・スペシャリスト，さらにコースの運用を管理する人材が求められるが，高等教育の現場にこのような専門家はほとんど存在しない。

　さらに，eラーニングの導入が決まってから開始までに十分な時間が与えら

れず，教材や教授法を精査できないままスタートするケースもある。

　これら3つの要素の不足は，お互い密接な関係があり，どこから改善すればよいのかわかりにくいことが特徴である。

（2）　実施にあたっての「サンタクロース待望論」：責任の所在に関する問題

　初期の困難を乗り越えて，何とかプロジェクトを立ち上げても，サーバーのメンテナンスから学習者の進捗管理まであらゆるフェーズで問題が続出するのがeラーニングである。一方で高等教育機関は通常，危機管理やクレーム処理のための組織をもたない。したがって，問題が発生するたびに関係者が右往左往することになりかねない。

　なぜ実施における困難にスムーズに対応できないのかを考えてみると，eラーニングに関係するすべてのプレーヤがeラーニングに対して「サンタクロース」像を投影するかのようなマインドセットをもっていることが浮き彫りになる。

　学生はその正体にうすうす気づいているものの，黙ってよい子にしておけば眠っているうちに知らないところから「単位のプレゼント」をもらえるのではないかと考えており，教員は一応子どものリクエストは聞くが，結局「プレゼントさえ置いておけば義務は果たした」と考える父親のように，システムとコンテンツを提供すればいいのだろうと思い，それらの使い道にはあまり興味がない。

　一方，産学連携によって大学のeラーニングに協力する企業は，eラーニングをブームととらえて，「時期外れになる前に商品を売り切ってしまおう」とする傾向がある。

　よく考えてみれば，本来三者の利害は一致するはずである。しかし現実には，学生は期待していたのと違うプレゼントが送りつけられて困ってしまい，教員はせっかくのプレゼントに文句をつけられて立腹し，企業は売れ筋のはずの商品がだぶついて焦るのである。これは，結局eラーニングに対しておとぎ話的な期待をかけている関係者がいかに多いかを示している。

　eラーニングは「サンタクロース」でも「足長おじさん」でもない。eラーニング自体が組織を楽にしてくれることはほとんどない。逆に，予測される問題の所在と，責任をもつプレーヤを明確にしておかなければ，いかに資金や人

材を用意しても座礁してしまう可能性が高いのである。

（3）「夏休みの宿題現象」：学習スタイルの問題

eラーニングのうたい文句として金科玉条のように言われるのは「いつでも」，「どこでも」学べることである。しかし，同じ特徴を学習者の側から見ると，「そのうち」，「適当な場所から」学習すればよいということになる。もし，本当に「いつでも」，「どこでも」かまわないということになれば，夏休みの宿題を新学期が始まる数日前から集中的にこなそうとするのと同じような現象が連続し，高いドロップアウト率が出現してしまうのは，ある意味当然のことである。

別の言い方をすれば，「いつでも」，「どこでも」学習できることは，単位が取りやすくなることや，良い教授法が採用されることとは直接的には関係ないので，学生のモチベーション向上には寄与しない。ネットワーク上に良いマルチメディア教材を用意したとしても，それによってモチベーションにあふれた学習者が激増するなどということはあり得ないのである。

3大障害の背景にある日本の高等教育における特殊性

ここまで述べてきたいくつかの問題はeラーニングの登場によって新たに発生したものであるから，それを乗り越えるためには，新たなノウハウやヒントが必要である。私たちもその解決策を模索し続けてきた。そこで気づいたのは，欧米のeラーニング事情に詳しくなっても，それだけでは日本の高等教育機関で起こっている問題解決には役立たないということであった。

むろん，海外の先進事例を知ることは，これからのトレンドを知るために必要であるし，その知見から日本のeラーニングが国際化するための示唆を得ることが多い。しかし，個々の大学の成功事例を精査しても，前提となる条件が違いすぎて，参考にならないケースがほとんどなのである。同様に，企業における成功事例をそのまま高等教育に取り入れることも多くの場合不可能である。

欧米の高等教育機関や企業と比べ，日本の高等教育機関には，具体的にどのような相違点があるのだろうか。まず，欧米の高等教育機関との違いのいくつかをピックアップしてみよう。

① 学生の多くは受動的であり,「学ぶ」のではなく「教わる」伝統的な学習者像をロールモデルとしている。

これは,学習者が積極的に参加するタイプのeラーニング・コース開発が困難であることを意味しているばかりでなく,学習者のニーズ分析や学習支援にとくに注意する必要があることも示唆している。

② eラーニングに関する専門職の地位が確保されておらず,専門職としてのeラーニング・プロフェッショナルがほとんど存在しない。

そのため,すべての開発過程の責任者が教員であるケースもある。さらに,専門職を雇おうにも,必要な要件や資格が明確になっていない。また,大学として専門職の雇用制度が整っていないことが多い。

③ 教員が教授法や教育成果を厳しく問われない。

教員相互の評価（ピアレビュー）や学生からの厳しい授業評価はほとんどみられない。このことには,授業に対する自由度が高いという利点がある一方で,学生が教育の成果よりも単位の取りやすさによって授業選択をするという弊害を生んでしまっている。

④ 高等教育における産官学の連携が限定的である。

「官」が「学」に対して基本的に単年度の資金を提供し,「産」が「学」の下請けのように開発するという図式が最も多く,北米のように財団や寄付によって資金がまかなわれるプロジェクトは少ない。したがって,eラーニングのサイクルが複数年度にわたって継続し,成果が産官学それぞれにとって有効に利用されることは,前述のようにまれである。

一方,以下に示すように,企業のeラーニングと比べても,高等教育のeラーニングは異なる条件のもとに置かれている。

① 監督官庁である文部科学省の基準が存在する。

高等教育は,初等・中等教育に比べれば現場の裁量が大きいとはいえ,大学設置基準として単位認定の要件が存在し,そこから逸脱した授業を実施するわけにはいかない。

② 学期制など授業実施期間の制限がある。

これは,①と関係する問題である。たとえば,授業実施期間があらかじめ限定されているため,多くの大学では11月や12月から始まり,4月や5月に終

わる授業を行うことは無理である。

　③　成果保証の意識が希薄である。

　企業内教育では当然とされている学習の成果保証が，高等教育で問われることは少ない。むろん，学生の成績評価については真摯に取り組む教員が多いが，ここで述べている学習成果は，それにとどまらない。たとえば，企業内教育では評価基準としてカークパトリックの4段階評価が用いられることが多い。この評価基準は，学習効果についてレベル1：受講直後の反応（学習者の満足度）から，レベル2：受講直後の理解度（学習者の知識，スキル，態度の変化），レベル3：受講から一定期間後の行動の変化，レベル4：実際の職務における学習成果（売り上げ増加や，コスト削減などの指標）まで4段階のレベルを設定している[1]。さらに，これらの4レベルに加え，ROI（Return On Investment, 投資対効果）を重視した評価方法も登場しており[2]，企業内教育の成果はさまざまなレベルから検証される。

　しかし，高等教育では学生のパフォーマンスやROIの向上に関する効果の把握が非常に困難であり，カークパトリックの4段階を高等教育に当てはめようとしても，第3段階以降についてはほとんど不可能である。さらに，専門職大学院や社会人受け入れを前提とした学部を除くと，教員や職員の間に成果を保証しようとする意識が希薄であり，レベル2にあたる学習者の成績についても，人文・社会科学系の多くの授業では客観的な基準がなく，いわば教員の信念に基づいて評価されるため，何が成果であったかを示すことが難しい。

　④　学習目標の性格が幅広い。

　宣言的知識の獲得だけでなく，態度変容や運動技術向上を目指す授業などさまざまな学習目標がある。

　Hortonがeラーニング・プログラムの評価に関して述べた，「他の組織の成功事例は，励みにはなるが，あなたのプロジェクトの成功を保証しない」という言葉は，ここにも当てはまるといえよう[3]。そこで次に，これらの条件や環境を考慮した，日本の高等教育機関におけるeラーニングの障害克服モデルを考えていく。

3 eラーニングの「3ない」阻害要因の克服

コア・メンバー間での共通認識と組織の理解の必要性

eラーニング・プロジェクトに携わるコア・メンバーの間で共通認識をもち，組織のキーパーソンに対して正攻法で説得する

　eラーニングの実務を担当していると，「3ない」つまり，資金不足，人材不足，時間不足はいずれも結果であり，eラーニング導入がうまくいかない原因ではないと言わざるを得ない。

　実際，ほとんどの大学では，サーバーもブロードバンド回線も整備されており，高価な学習管理システムなどを使用しなければ，インフラはほとんど無料で使える。外部予算を獲得する方法もあるし，後述するように労働力を確保する方法もある。コンソシアムなどを利用して，他大学と連携する方法も広がってきた。しかし，単位を認定する正規授業であれば，最低限，実施する教育機関の組織から承認されなければならない。

　極言すれば，eラーニングに取り組みたい教員や職員にとってeラーニングを始めるために本当に必要なのは，組織としてのゴーサインだけである。ただし，eラーニング・プロジェクトの中心的なメンバーの意識が統一されていないと，なんとかeラーニングを導入できたとしても長期的に続けることができなくなる可能性が高い。

　それでは，ここで言う意識の統一とは何のことを指し，組織からの承認を受けるためにはどのようにアピールすればよいのだろうか。

　まず，コア・メンバーの間で最も重要なチェック項目は「なぜeラーニングを導入するのか」という認識である。eラーニングで何を目指すのかが明白であれば，誰のためのeラーニングかという問いにも，このeラーニングが成功すると判断するポイントは何かについてもコア・メンバー全員が迷いなく答えることができるからである。

　図4.1はアメリカの例であるが，eラーニングの目標を高い質の教育を多くの学生に提供することであるとすると，①の矢印のように，教育の質を下げず

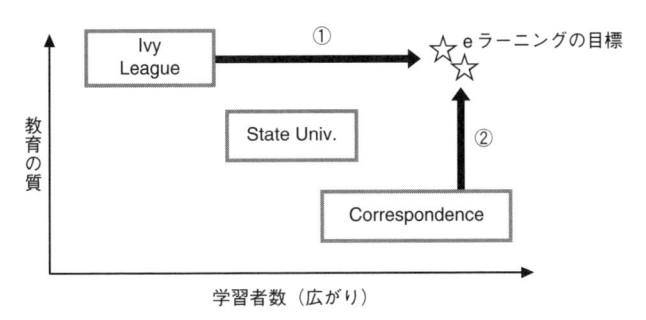

4．産官学のアライアンスによる実践教育と教育国際化を目指すeラーニング――青山学院大学

■ 図4.1　eラーニングのポジション[4]

に教育対象を広げるアプローチと，②のように学生数を減らさずに教育の質を高めるアプローチでは，資金にしても人材にしても注力するポイントは違ってくるはずである。

　このように重要な目標にかかわる意識の統一ができれば，次にそれに基づいた個々の事項についてのプライオリティを決めていく作業が続くはずである。たとえば，次のようなチェック項目が挙げられるだろう。

（1）　eラーニングの効果とは何か

　導入しようとしているeラーニングの成果として何を重視し，どのように優先順位をつけるのか。学生の満足度が大切だと考えることもできるし，やはり知識や技能を身につけることこそ最も重要であると見なすこともできる。

（2）　誰のためのeラーニングか

　「学生の便宜をはかるためである」と考える方が多いかもしれないが，AMLプロジェクトにおいては教職員が多人数の授業をより効率的にマネージすることを目的としてeラーニングを実施してうまくいったケースもある。もちろん学生をないがしろにすべきでないが，一義的に教育機関や教職員の業務効率化のためにeラーニングを導入すること自体は決して悪いことではない。

（3）　将来どこで差別化するのか

　ICT（Information and Communications Technology）にはまだ浅い歴史しかなく，インターネットも新たなメディアであるため，eラーニングは技術主導で考えられがちである。しかし，eラーニングが当たり前になったら，何で勝負するのだろうか。コンテンツであろうか，教員の名声を含む大学のブランド

力であろうか。

　このようなことまで，事前に順位づけして意識統一しておく必要がある理由は，それが継続的なeラーニング・プロジェクトづくりのために必要であるということ以外に，組織にゴーサインをもらう際の説得材料としても重要であるからである。

　eラーニングに関する書籍や記事は，一時期バラ色の予測に満ちていた。ここまで述べたチェック項目など全く考慮する必要なく，eラーニングさえ取り入れれば学生も満足し，教員は楽になり，組織はどんどん学費を稼げるといった夢の世界を描いた本もあった。多少現実的な文献であっても，eラーニングによって急速にFD（Faculty Development）活動が普及したり，劇的な大学改革が行われたりするシナリオに従っているものがほとんどだった。

　しかし，現実にeラーニングを導入するために組織を説得しようとする際，何でも可能であるかのような幻想を語り，あらゆるメリットを強調することは，無責任であるし，警戒感を招くだけである。万が一，予算や人材の獲得にこぎつけても浮き足立ったプランに基づいていれば失敗につながる可能性が高い。

　本気でeラーニングをしたいのなら，理念はともかくとして，実務では欲張ってはいけない。対面授業と比べた学生の満足度アップ一つとっても，とてつもない工夫や努力が必要なのである。導入時に実行不可能なことはあきらめ，それをコア・メンバーが納得していること。これはゴーサインをもらい，その後説明責任を果たすための必須条件とも言える。

「サンタクロース」からの卒業

責任が見える組織をつくり，参加者全員の役割を明白にする

　eラーニングでは，あらゆるフェーズで問題が発生するということをすでに指摘したが，具体的には，図4.2の円で示したプレーヤごとに問題が起こる場合と，矢印で示したそれぞれのプレーヤ間の関係やコミュニケーションにおいて発生する場合がある。

　問題発生を防ぎ，発生したとしてもスムーズに解決する理想的な方法は，事前に考えられる限りの問題とそれに対する責任をピックアップし，明示的に割り振っておくことである。しかし，これはあくまで理想であり，実際には想定

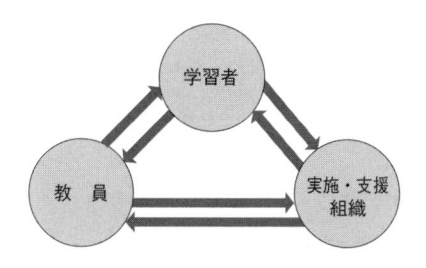

図 4.2 eラーニングのプレーヤと問題発生箇所 （Phillips 2002より作成[5]）

外の問題に出くわすことが多い上，あまり厳しく責任問題を定義しようとすると参加者が萎縮したり，モチベーションが下がったりしてしまう。

そこで，最低でもできるだけ関係者の間で情報の共有を図ることが重要になってくる。幸い，eラーニングでは学習活動やコンテンツ作成に伴う膨大なデジタル・データが入手可能である。それらのデータを上手にシェアすることで無駄を省き，責任の所在を明らかにすることができる。私たちのプロジェクトでも，学習管理システムの活用や定期的なミーティングによる情報共有によって，大学教員や職員の間に従来とは違ったレベルの責任分担の発想が定着してきた。さらにAMLプロジェクトにおいては，すべての会議，ミーティングで数段階の議決レベルが明確に設定されており，無意味な権限の重複は省かれ，教授であろうが大学院生であろうが，その会議に必要でない出席者は誰一人として招集されない仕組みがつくりあげられている。

もう1点強調しておきたいのは，実践事例で後述するように，学部生や大学院生をeラーニング・プロジェクトの人材として参加させる利点とその手法である。

eラーニングを実施する際，極端な話，企業や専門家に丸投げすることもできるし，反対に何から何まで自前でまかなうこともできる。だが，どちらも現実的には難しい選択であり，私たちのプロジェクトでは企業との連携によって学習管理システムを開発する一方，学内で人材を確保し，自作できるコンテンツは自作し，自ら管理できるシステムは管理する道を進まなければならなかった。そこで注目したのが，学生や大学院生との協働である。

多くの大学では学生や院生をSA（Student Assistant）やTA（Teaching

Assistant）として採用し，授業の補助として活用しているので，責任感のある学生や院生がいればeラーニング・プロジェクトにも参加させようとするのは自然な発想であり，実際に学生や院生が参加した授業開発やコンテンツ制作のプロジェクトは多い。

　私たちのプロジェクトでは，eラーニングを支える人材としての学生を大きく次の3種に分類し，それぞれ明確な責任を担ってもらっている。

　① eラーニングを研究のフィールドとしてとらえているタイプ

　このタイプは，教育工学や経営学，教育学などを専攻する院生に多く見られる。eラーニング・プロジェクトで得られたデータを使って研究をしようとする者である。

　このタイプの学生，院生はアルバイト料に惹かれているわけではないので，時給アップなどはモチベーションになりにくい。それよりも論文が書けるように，プロジェクトの先進的な研究活動そのものに「参画」させるべきである。

　② 将来仕事をする際のスキルを身につけようとしているタイプ

　プログラミングやネットワーク管理，コンテンツ制作などを通じて，就職の際に有利な技術を習得することに魅力を感じて参加する学生，院生である。

　このタイプの学生，院生は，プロジェクトの方向を決める戦略的な仕事や，その反対にデータの整理や事務処理などの単純作業に興味がない場合が多いので，eラーニングならではのクリエイティブな仕事やコンピュータ技術に関する職務を担当させるとよい。

　③ 単純アルバイトタイプ

　eラーニングのプロジェクトといっても，学内アルバイトの一つとしてしかとらえていないタイプである。このタイプの学生が最も重視するのは時給や勤務時間の融通であるので，自宅でも可能な単純作業に適している。

　いずれにしても，学生や院生を強制的に安いアルバイト料で参加させるのでは，責任のもたせようがない。逆に，彼らのモチベーションを保ち，うまく参加してくれればeラーニング・プロジェクトにとって大きな力となる。今後，日本の高等教育機関が，優秀な学生や院生のタレントをいかに先進的なプロジェクト活動に生かしていけるのか，そしてその裏づけとして彼らの立場を考慮した学費や生活費を保証する制度づくりが実現されるのかが，大学におけるe

ラーニング・プロフェッショナル充実のカギとなることを実感している。

「夏休みの宿題」を毎日の宿題にするには

学習者を知り，メンタリングを工夫する

　eラーニングに関して，学習者を消費者とみなす傾向があるが，Grocciaが指摘しているように高等教育における学習者は単なる消費者ではない[6]。実際，私たちのプロジェクトのデータからも，伝統的な学習者としての態度や期待を示す学生や，消費者として教材やシステムの品質や学習者へのサービスを重視する学生，そのどちらでもなく，個人の好き嫌いに基づいて判断する学生など，eラーニングを受講する学生のさまざまな性格が明らかになってきている。

　どのようなタイプの学生にとっても共通するのは，モチベーション維持や学習進捗管理のためのメンタリングが重要であるという点である。いくらリソースが準備されていても，孤独な学習環境で自学自習できる学生はごくわずかである。学習者のタイプを知り，それに応じたメンタリングを実施しなくてはならない。たとえば，伝統的な学習者タイプの学生には，教員から直接指示を出したほうが効果があるのに対して，消費者タイプの学生はメンターやチューターからのきめ細かなフォローを好む傾向がある。

　最後に，メンタリングそのものについても研究が必要である。AMLプロジェクトでもメンタリングを研究し，メンターは，単なるヘルプデスクではないことを知った。質問に正確に答えることができ，学習者を激励できるだけでは十分ではない。メンタリングの業務は，コースの範囲を守ることから学習効果の評価にまで及んでおり，メンターはさまざまな活動を支援できなければならないのである。

4 AMLプロジェクトのねらいと研究テーマ

AMLが目指すeラーニングをトリガーとした教育パラダイム・シフト

　発足当初から，AMLがとらえたeラーニングとは，単に「ITを利用した学習方法」を意味するのではなく，はっきりと「ITによる教育改革」のトリガ

ーとなるものであった[7]。そのために，教える側（教えるプロフェッショナルを目指す）と学ぶ側（学習者主体の学びを心がける）の双方の意識改革を誘導して，国際競争力を失いつつある日本の大学を，知識創造とその獲得の場へと変革して，産学協働で社会の潜在ニーズを先取りする実践教育を実施する場へと変貌することを目指したのである。

そしてAMLの7年間にわたる教育現場での実践を通して，私たちは一つの結論に至った。やはり，eラーニングならびにITを有効に活用した教育は，これからの「学び」の企画・設計・制作・実施・評価プロセスにおいて不可欠な要素であり，教育のパラダイム・シフトを起こしうるトリガーとなり得るということである。

しかし，従来の授業スタイルや教育文化をそのような新たな場へと導く変革を成し遂げることは，一朝一夕でできることではなく，また，一つの大学や一つの企業のみの努力でできることではない。そこでAMLでは，当初から「サイバーアライアンス」という国内のみならず海外をも視野に入れた新しいタイプの産官学連携を構想した。この連携によって，eラーニングならびにITを有効に活用した新しい教育方法の研究に取り組み，「理論に基づいた実践教育」の創造と「教育の総合的な質の向上」を推進し，国際的なソーシャルリーダーの人材育成を目指すことにした。

そして，eラーニングやサイバーユニバーシティを全学的に展開することは大型投資とリスク・マネジメントが必要であることから，このサイバーアライアンスに参加する意義として，資源（Resources）の共有化を目指すことにした。すなわち，教育・研究用の施設（Facility Resources），学際的な専門知識とスキル（Knowledge Resources），多彩な人材（Human Resources）を互いに共用しながら，一大学や一企業の枠を超え，先進的な産官学共同研究により新しいeラーニングを生み出し，そして，教育現場で正規授業化への実践と，たゆみない改良を繰り返しながら，それらの成果をお互いの立場に応じて共有するというアライアンス関係を形成した。それによって，参加する研究者のインセンティブを維持して，プロジェクトの研究活動が持続可能になることをねらったのである。

AMLプロジェクトの研究テーマ

AMLでは，次のような3つの研究テーマに取り組むことにした。
（1） eラーニング教育方法の研究
① 教授方略
高等教育で扱うべき教授方略を意識したeラーニング・コースの開発。研究対象とした教授方略の例として，宣言的知識，手続き的知識，問題解決，概念学習，認知方略，態度・モチベーションなどを，eラーニング・コースへ適用。
② 授業運用スタイル
講義のみならず実習によるスキル習得を伴うブレンディッド・ラーニング，メンタリングを伴うセルフレギュレーティッド・ラーニング（自己調整学習）など。
③ eラーニングのためのインストラクショナル・デザイン（授業設計）方法
④ チーム・ティーチング
開発すべき新規学習コースに対して，それに必要な専門分野の教員および企業研究者がチームを編成して（後述する研究部会），学習コースの設計，コンテンツ制作，授業運営と学習効果評価を協働で実施する。それぞれの教員は，学習コースの中で一部の単元の開発を担当することで，学習コース全体のコンテンツとともに，学習管理システムを利用できるようにした。そのことにより，外部の連携大学教員が，研究部会に参加するインセンティブを確保するようにした。
これによって，eラーニングを進めるときの障壁となっている，特定の教員に対する負担を軽減し，投資の効率化とリスク分散を達成し，コンテンツや学習環境の共用化が促進できる仕組みづくりをした。これが前述したサイバーアライアンスを推進する一つの意図である。
（2） 上述の（1）を考慮したコンテンツ開発（教材，実習用学習ソフトウェア，実習用ケーススタディ）
① 講義用および実習用教材の制作
マネジメント系・エンジアリング系・IT系・コミュニケーション系など多

岐の学際分野に及ぶ実践教育を重視した．さらに，青山学院の特色を考慮した初・中・高一貫英語教育のためのマルチメディア教材の制作（6節参照）．

② 問題解決学習・体験学習・協調学習などを融合した実習コースの開発

産との協働によるケーススタディ企画による問題解決学習，シミュレーションやデータ処理を支援する学習ソフトウェアを利用する体験学習，学習管理システムのネットワーク・コミュニケーション機能を利用したグループ内・間ディスカッションによる協調学習（図4.3）．

（3） 日本の教育現場ならびに国際環境での実用に耐えられる学習管理シス

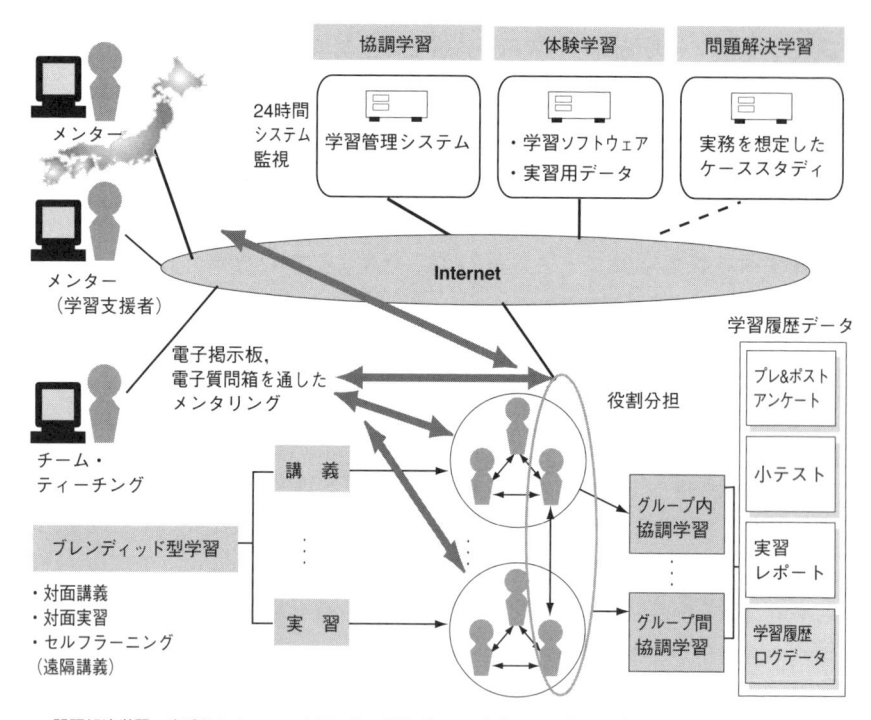

問題解決学習：実践的なケーススタディを，業務プロセス志向により問題解決する実習
体験学習　　：学習ソフトウェア，実習用データを用いて，擬似体験しながらの実習
協調学習　　：LMSのネットワークコミュニケーションを活用し，グループ内・グループ間での
　　　　　　　ディスカッションを活発に行い，非同期でメンタリングによる学習支援

■ 図 **4.3** 問題解決学習・体験学習・協調学習のブレンディッド・ラーニング実習授業の開発事例

テム(LMS)の共同開発

図4.4には，AMLで産学共同開発した学習管理システムにおいて，指導者・学習者・システム管理者の立場からコース進度に応じた主要機能の活用例を示した。

① 単位認定を伴う連携大学・大学院のブレンディッド・ラーニングに対応できるLMSの共同開発

② 単位認定可能なセルフレギュレーティッド・ラーニング環境の提供

文部科学省の遠隔教育，インターネットを利用した授業の単位認定基準に準拠した，授業を実施できる主要3機能が整備されているLMS。すなわち，その主要3機能である学習支援機能，コミュニケーション機能，システム管理機能の充実

③ その主要機能の整備だけでなく，各機能間でのインタフェース性とデー

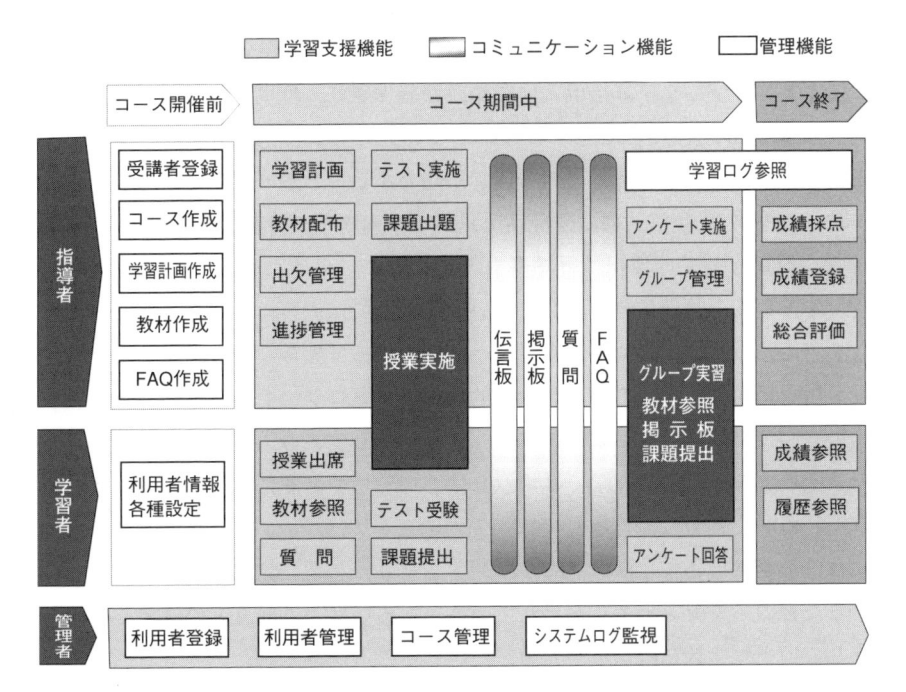

■ 図 **4.4** AMLで産学共同開発したブレンディッド・ラーニング用の学習管理システム

タ互換性の確保と，学習効果測定に不可欠な学習履歴ログデータの蓄積ができるLMS

④ 国際標準への準拠と，英語バージョンが利用できる国際学習環境に対応したLMS

⑤ システム・ベンダーによる遠隔サポートと，プロジェクト・メンバーによる運用管理を確保し，24時間を通した運用に耐えられるシステムの堅牢性とともに，作業負担とランニング・コストを抑えた運用体制の確保

5 AMLプロジェクト運営のための制度，ヒト，モノ（＋技術開発），カネ

（1） AMLプロジェクトを支援する制度と予算

学内的には，各学部・大学院からeラーニングを推進している教員が参加できるように，学際研究拠点である総合研究所において，研究所所長が直轄して推進する特別プロジェクトとして，AMLプロジェクトが発足できた。このことにより，全学的な予算措置と研究施設が確保され，理事者ならびに大学執行部との調整を，所長が担当する体制ができたことにより，AMLプロジェクト・リーダーは，研究活動の組織運営に注力することが可能になった。

しかしながら，現実的には研究活動以外の学内調整・折衝が非常に多い上に，また，教員としての負担は軽減されてはいない。とくに私立大学では大学運営・学部運営の管理業務が非常に多い。その上で，大規模プロジェクトの推進役を務める教員には，個人的な労力と時間を使って大きな運営責任を果たさざるを得ない構図となっている。継続的な産官学プロジェクトを実施できない理由の一因に，リーダーおよびプロジェクト活動を支える主要教員に対するインセンティブを，日本の大学では用意しにくい環境や制度になっていることが挙げられる。たとえば海外事例では，先進的なeラーニング授業を実施する場合には，教員にとって1.5コマにカウントしたり，必要に応じて助手やTAをつけるなどのインセンティブを与えている。あるいは，外部導入の研究資金額に応じて担当コマ数を減じる努力をしているところがある。

なお，総合研究所では，国家事業や特定企業との産官学共同研究を受け入れ

る制度があり，学内予算のみに頼らず，積極的に外部予算を申請・獲得することができた．とくに，大型の政府系公募事業は，大学だけで申請することは難しく，産学が連携して申請準備をしたり，また将来の事業計画を双方のメリットを考慮しつつ立案・実行できたことが，国家レベルあるいは国際レベルでの先端研究を担うプロジェクトの長期的な継続を可能にしたことと思う．

（2） AMLプロジェクト活動を推進する人材および研究組織

前述したように，授業開発ならびに教育環境システムのテーマごとに，表4.1に示した研究部会を設け，主査および副査とその他の委員によって構成メンバーとした．青山学院大学の各学部に所属している教員は，総合研究所における兼担研究員となり，外部の連携大学・企業の教員や研究者は客員研究員（現在，30名余り）となっていただいている．さらに，大学院生は特別研究員，学部生は研究協力者として，それぞれの研究部会に所属できるようにした．つま

表4.1　AMLプロジェクトにおける研究部会（WG）（2004年2月現在）

	ワーキンググループ名		研究部会名
WG1	ラーニングリソース・マネジメント	WG11	教育知的財産運用管理
WG2	サイバーユニバーシティシステム	WG21	学習管理システム
		WG22	サイバーユニバーシティ・モデル
		WG23	インストラクショナル・デザイン
		WG24	学生サービス・モバイル・ラーニング
WG3	マルチメディア型一貫教育方法	WG31	マルチメディア型総合学習
		WG32	マルチメディア型一貫英語教育
WG4	サイバーベーシック教育方法	WG41	サイバーコミュニケーション
		WG42	ESP（English for Specific Purposes）教育システム
		WG43	モデル・ベースド・ラーニング遠隔授業システム
WG5	サイバービジネス教育方法	WG51	サイバービジネスプラニング
		WG52	サイバーコンカレントマネジメント
		WG53	ビジネスプロセスモデル
		WG55	戦略マネジメント
WG6	サイバーITシステム教育方法	WG61	マネジメントITシステム

り，青山学院大学の教員や研究者だけでは，eラーニングの授業開発プロジェクトを継続的に推進していくことは不可能であり，研究部会の構成員比率の半分以上は外部の専門家や企業人さらに学生で占められているのが実態である。

　このことは，大学研究予算を利用する際に，建前上は学内プロジェクトでありながら，外部者比率が多いということを意味しているため，プロジェクト発足当時は，プロジェクト予算の健全な使用という観点からなかなか大学執行部を納得させるのは難しかった。また，中期にわたって特定企業とのつき合いが多いことも学内での懸念材料となり，しばしば関係部署に対して内部事情の説明資料を作成し，部署間を調整しながら説得するまでに，プロジェクト・リーダーとして心身が消耗することが多々あった。

　しかし，海外事例を見ても，eラーニング・プロジェクトの主体は産学共同活動や外部連携コンソシアム体制が当たり前であり，一大学の研究者だけで大型プロジェクトを展開していくことは不可能であることは明白であった。このような仕組みづくりが持続可能なプロジェクト活動を可能にした7年間の実績から，私たちが当初から目指していた「サイバーアライアンス」による協働活動や，成果や資源の共用化は間違いではなかったと確信している。

　しかしながら，主力となる大学やそれを支援する企業にとっては，プロジェクトの中心となって運営を継続していく上で，明確なビジョンとアクションアイテム，組織体制，そして具体的な成果をアピールして，関連機関の理解を求めていくのは並々ならぬ努力が必要になる。現状の日本の大学では，ボトムアップ型で推進していくことが多く，それだけでも内部との調整や折衝に時間やエネルギーがかかり，継続的なプロジェクト活動が失速してしまうケースが多い。したがって，今後は，理事者，大学執行部，学部執行にIT化を推進する担当役を設けて，専門家の立場から研究・開発成果を評価するとともに，トップダウン的な意思決定により，評価結果や将来構想に見合った支援施策を積極的にしかも迅速に打ち出していくことが望ましい。なぜなら，パートナー企業が求めるビジネス・スピードや，外部の公募プロジェクト申請準備にあたっては，夏季・春季の長期休業期間にわたって意思決定と承認行為が停滞する大学管理業務の進め方では，対応できないことがしばしば発生するからである。

　その意味からも，大学経営トップや大学事務系トップならびに担当者に対す

る啓蒙活動や研修プログラムが，今後，重要な意義をもつことになろう。

なお，総合研究所において，AML活動を取り巻く組織体制について説明したい（冒頭で示した「組織体制」（p.65）参照）。基本的に，総合研究所での審議の場として運営委員会が設けられており，AMLからの要望や活動報告を，その委員会に提出する。そのための準備や企画ならびに戦略的な方針決定の場として，研究所所長と，AML幹部とで毎月レベルで定例会議をもっている。AML内部では，研究方針や予算および対外を含む将来計画などの意思決定と審議のために，必要に応じてパートナー企業も参画する戦略会議をもっている。さらに，その定例会議や戦略会議との調整や，各研究部会の活動の取りまとめのために，それぞれの研究部会の主査または副査が出席する推進会議を，月1回程度で開催している。なお，推進会議にあたっては，研究部会の一つである「教育知的財産運用」研究部会に所属するTLOから弁理士または弁護士の派遣を受け，必要に応じてアドバイスや契約手続きを支援してもらっている。

（3）eラーニングの専門家を補完する教員組織と学生スタッフの協働体制

eラーニング授業設計のプロジェクト活動を継続していこうとすると，さまざまなeラーニング専門家が組織的に活躍することが不可欠となる。

とくに，企業からの参加メンバーとして，システム・ベンダー，コンテンツ・ベンダー，教育サービス・ベンダーなどが，それぞれの特色を生かせる研究部会の研究・開発活動にかかわってくれている。このことで，大学側の研究者や大学院生・学部生との協働体制がとれ，eラーニング専門家に不可欠なそれぞれのプレーヤが有機的に活躍できる組織づくりができてきた。そのプレーヤとしては，たとえば，SME，プロジェクト・マネジャー，インストラクショナル・デザイナ，インストラクタ，メンター，メディア・スペシャリスト，コース運用マネジャーなどが挙げられる。

大学側としては，産の協力を部分的に受けながらも，図4.5に示したように，eラーニング授業設計と運用のプロジェクト活動に不足しがちなそれぞれの専門家として，教授陣と学生スタッフが補完しあいながら協働できる組織づくりを実現している。

前述したように教授陣は，大学連携からなるチーム・ティーチング体制をとるとともに，学生スタッフは，極力，特別研究員または研究協力者として，自

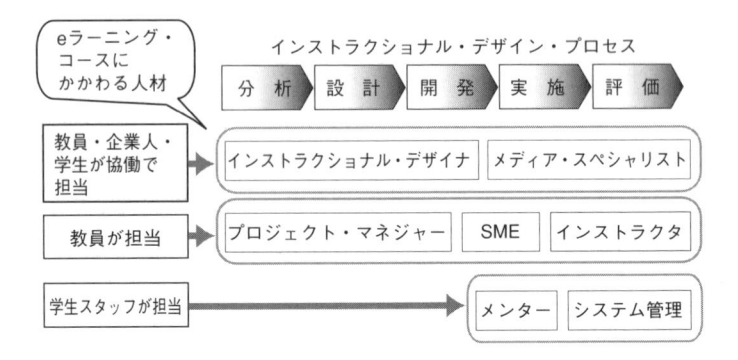

```
┌─────────────────┐
│ eラーニング・    │
│ コースに         │    インストラクショナル・デザイン・プロセス
│ かかわる人材     │   ┌──────┬──────┬──────┬──────┬──────┐
└─────────────────┘   │ 分析 │ 設計 │ 開発 │ 実施 │ 評価 │
                      └──────┴──────┴──────┴──────┴──────┘
┌─────────────────┐   ┌─────────────────────┬──────────────────────┐
│ 教員・企業人・   │   │ インストラクショナル・デザイナ │ メディア・スペシャリスト │
│ 学生が協働で     │   └─────────────────────┴──────────────────────┘
│ 担当             │
└─────────────────┘
┌─────────────────┐   ┌────────────────┬──────┬──────────┐
│ 教員が担当       │   │ プロジェクト・マネジャー │ SME │ インストラクタ │
└─────────────────┘   └────────────────┴──────┴──────────┘
┌─────────────────┐                              ┌──────┬──────────┐
│ 学生スタッフが担当│ ─────────────────────────→  │ メンター │ システム管理 │
└─────────────────┘                              └──────┴──────────┘
```

インストラクショナル・デザイナ：学習コース開発のシステム的アプローチであるインストラクショナル・デザイン（ID）の専門家
SME（Subject Matter Expert）：学問領域の専門家。学習コースの専門知識を提供する
インストラクタ：遠隔授業教材における語り手や，融合型授業の講師を務める。ただの知識の伝達者ではなく，IDのコース設計思想をよく理解し，学習者の主体的な学習活動を引き出すように働く
メンター：学習者の自発的な学習活動の維持・向上のために学習者とマンツーマンでさまざまな相談にのり，学習者の動機を強化していくスタッフ

図4.5 eラーニングの専門家を補完する教員・学生・企業人との協働的な組織づくり

分のテーマに合った研究部会に所属することになっている。学生にとってプロジェクト活動は，自らの論文や学会発表の実践的なテーマに即しており，生きたインターンシップとなっている。また，このことは産学協働を一層活気あるものとし，大学職員が特定のプロジェクト活動には支援できない実情を考えると，日本の高等教育機関の一つのあるべき組織体制といえる。

6 プロジェクト活動によるeラーニング正規授業の実践

eラーニング正規授業の実践事例

前述してきたように総合研究所は，全学・学院が支える学際研究機関で，とくに，AMLおよびA^{2}ENの研究活動には，全学部・大学院・短大の教員や学部生・院生が積極的に参加している。また，先に示した研究部会の活動を通して授業設計された成果は，必ず，実証実験を経て改良がなされた上で，単位認

定を伴うeラーニング正規授業を実現することにしている。

とくに，教育の質を多面的に評価するために，次の3点を重視している。第1に，学生の成績評価，第2に，授業開発の評価として形成的評価と総括的評価，第3に授業設計のプロジェクト活動の運用評価である。単位認定の質保証に直接的に関係するものは，第1の成績評価である。一方，授業の質改善にかかわる形成的評価と総括的評価に対しては，先の図4.3に示したように，学習管理システムを介して，事前・事後アンケート，小テストや単元ごとのテスト，実習レポート，学習履歴ログデータ，必要に応じて教員や受講者に対するインタビュー等々の情報収集と解析を実施して，授業改善のフィードバックを実施する。なお，最後の運用評価については，現在，インストラクショナル・デザイン研究部会で，日本の高等教育の特色を配慮した研究を始めたところである。

表4.2に示したように，理工系・社会科学系・コミュニケーション系・情報系さらに全学共通科目を扱う青山スタンダードなどの多彩な分野で，単位認定を伴うeラーニング正規授業を展開している。また，国内外の連携大学にも学習管理システムを介して共用コンテンツを配信し，正規授業が実施できるように学習環境を整備している。表4.2に示したように，学内では毎年2000名程度，

表4.2 2001〜2003年度単位認定を伴うeラーニング正規授業に関する累計実績

実施年度	実施学部	科目数	認定単位数	受講者数
2001年度	理工学部・研究科，経営学部	10科目	22単位	1263名
2002年度	全学共通，理工学部・研究科，経営学部・研究科，法学部，連携大学	18科目	46単位	2065名
2003年度	青山スタンダード，国際政治経済学研究科，理工学部・研究科，経営学部・研究科，経済学部，連携大学	23科目	86単位	2448名
(2003年度	青山学院初等部)	(1科目)	(2コマ)	(120名)
計	青山学院大学および連携大学の単位認定授業の累計（初等部での小中高一貫英語の正規授業への実用実績）	51科目 (1科目)	154単位 (2コマ)	5776名 (120名)

連携大学を入れて毎年2500名程度，2004年度までを入れると累計8000名程度（累計80科目・240単位程度）の学部生・院生に対して単位認定を伴うeラーニング正規授業を実現し，1997年度からの実証実験授業を含めると累計1万人以上の学生にeラーニングを実践してきた。早くから国内外の大学および企業と連携を築いて，お互いの教育研究水準を高めてきたその実績は，日本の大学では卓越したものといえる。

eラーニング正規授業の学習効果

以下に，学習効果を概観してみる。「理工学部」では，MITとの連携をもとに，モデル・ベースド・ラーニングという新しいタイプのeラーニング授業を構築した。数学・物理・化学という基礎知識を十分習得していない学生に対して，まず基本原理となる単純な参照モデルを用いて，現象の直感的な理解を促した後に，より本質的な原理を学ぶ。それにより学習効率が向上し，学生の興味を喚起しながら，図形科学，プログラミング，ネットワーク管理などの実践技能が体得できた。

「経営学部」では，先に示した図4.3のように，ブレンディッド・ラーニングをさらにオリジナルに発展させた「融合型授業」を実現した。授業に参加した学生たちは，事前・事後学習，対面の講義・実習を徹底することにより，生き生きとした学習態度に変化し，社会経験がない学生にとっては難しい実務内容を，確実に理解することができた。小テストそしてレポートの採点結果から，講義終了時の授業内容に関する理解度が3割程度しか達していないのに対して，学生グループ同士での実習終了後の理解度は8割を超えた。

「コミュニケーション系」授業の一部では，TOEIC試験問題と語彙習得に関して，携帯電話によるモバイル・ラーニングを企業の協力のもとに実施している。事前・事後学習により学習量は大幅に増加し，それに対応した学生個人の学習進度および習得度を，学習管理システムを通じて教員が動的に把握したため，対面授業の内容自体がさらに充実した。

「国際政治経済学研究科」の「International Communication」コースは，6カ国の連携高等教育機関7校で「メンタリング付き遠隔授業」として国際共同開発し，2003年度から正規授業を始めた。海外大学院生を対象とした授業にお

いても，青山学院大学側で国際的なメンタリングを担当し，異文化・国際環境において対面授業に劣らない緊密なコミュニケーションによる指導が可能であることを確認できた。

「情報系科目」の中で実習を伴う情報リテラシー授業の最大の問題は，学生の授業開始時の技能差が激しく，授業期間半ばになっても習得度の差が非常に大きいために，「落ちこぼれ対策」とともに「浮きこぼれ対策」が同時に必要になることである。これにも「融合型授業」を適用した。企業の協力のもとに市販の自己調整学習ソフトウェアを用いて事前・事後学習を徹底させ，対面実習では一般の資格試験に対応した高度な実技演習を取り扱い，さらに宿題で実践力を養成させた。その結果，授業終了時の模擬試験では，全くの初学者を含めて全受講者の7割が，企業人の実務に対応した資格試験に合格できる知識と技能を身につけた。このことは，従来と同様の授業コマ数で，3倍の学習量と，数段高い学習目標を達成したことになる。融合型授業は，このような手続き的な知識と実技能力を養成する授業にも有効であった。

その他として，学院全体の英語教育センターとの協働により，「小中高一貫英語教育」のために，多様なメディアを利用したコンテンツ開発の協力をしている。そのコンテンツは正規授業の一部や自宅学習で活用されている。子どもたちは，自分たちの知っているネイティブスピーカーの先生たちと，一人ひとりのスタイルでゲームやアニメを楽しむように，ワクワクする学びができている，との反響が先生や父兄から伝えられている。

7 産官学共同研究と教育の国際化を推進するA^2ENプロジェクトの展開

学内や連携大学において単位認定を伴うeラーニング授業を着実に推進してきたAMLをさらに発展させ，対外的な産官学研究の推進や，海外との連携を強化するために，2002年度から同じく総合研究所特別プロジェクトとして，国際規模でのサイバーユニバーシティ構想の実現を目指したA^2ENプロジェクトを発足させた。

その活動の第1弾として，e-Japan戦略Ⅱにのっとり経済産業省が推進して

いる AEN 事業の国内代表および国際代表である国際ワーキンググループ（AEN WG3）組織の統括およびその研究活動の推進を，A²ENプロジェクトとして2003年度より受諾している。そこでは，高い品質のeラーニング学習コースおよびコンテンツを提供するために，学習コースの設計技法を熟知し，学習者の潜在ニーズを満足させ，コンテンツの企画・制作を支援し，学習効果を保証する授業コースの設計・実施・評価を実施するためのインストラクショナル・デザイン・プロセスの研究を行っている。それとともに，そのような授業開発と運用能力のあるeラーニング・プロフェッショナルをアジア各国に養成するために，その専門家の教育プログラムの開発とその共用化を推進して，アジア全体のeラーニング市場の活性化を実現することを目指している。

8 おわりに

本章では，青山学院大学AMLならびにA²ENプロジェクトを中心とした，eラーニング・プロジェクトを通して得られたノウハウや構想をもとに，前半では，実際にeラーニングを導入する際の戦術を，後半では，プロジェクト活動の実践事例を通してサイバーユニバーシティ・モデルの実現へ向けた課題の解決方法と今後の展開方針を記した。とくに，AMLについては，サイバーアライアンスをキーコンセプトとして，連携大学や企業とともに単位認定を伴う実践教育の開発と実用化を目指してきたプロセスを解説した。また，A²ENでは，外部との関係を大切にして，産官学共同研究の継続的な実現と，教育の国際化を目指してきた点を紹介した。

eラーニングを成功に導くためには，以上述べてきたように，制度や組織体制の充実が不可欠といえる。さらに，継続的な活動基盤を確固たるものとするために，一大学でできることは限られていることから，関連事業者による支援体制を確保した上で，産官学連携の強化がキーポイントとなる。また，連携した場合のメリットとしてコンテンツ交流や成果の共有化を促進するためには，知的財産運用管理の仕組みを整えておかなければならない。

現在すでにアジアの先進国は，eラーニングによる教育改革を国家戦略として取り組みつつあることから，今後，わが国の高等教育におけるeラーニング

の効果的な展開のためには次のようなことに留意すべきではないかと思う。まず，高等教育機関におけるトップマネジャーがeラーニングの本質を理解し，戦略的な事業計画や組織体制をたてる必要性を理解していること。eラーニングの実現の際に最大の課題は，教育活動の貢献に対する評価制度が未整備であることが起因して，特定の教員に負担が集中し，そのインセンティブがないために，継続的な研究・開発を断念せざるを得ないことが多い。そのためにも，良質なコンテンツを開発・実用化し，学習環境を整備・運用するためには，従来以上に産学連携の必要性を理解した上で，継続的な予算計画と全学・全学部のサポート体制を整備することが不可欠である。さらに，学習効果の向上を目指したeラーニングを実現するために，専門的な知識と技能をもった教授陣のファカルティ・ディベロップメントに加えて，職員やTAなどの育成も欠かせない（Staff Development）。その意味からも，わが国においてeラーニング・プロフェッショナルに対する教育プログラムの研究・開発，それに関連した専門資格認定制度の確立を急がなければならない。

　本章を閉じるにあたり，eラーニングの限界は，技術やコスト面のみにあるのではない。つまり，eラーニングの特色を生かして教育改革に立ち向かいたいというヒト（教える側と学ぶ側の双方）の意識改革と，その意欲を尊重した支援環境の充実，さらに継続的な教育システムを構築・運用するための制度と組織体制づくりにあることをもう一度強調しておきたい。

　eラーニングの目指すところは，「教育する組織」と「自律的に学習する知能集団」の姿であり，それが潜在的な社会ニーズにマッチした人材育成を誘引することになろう。

（玉木欽也・松田岳士）

備　考
　本章では，「eラーニングの障壁」および「eラーニングの「3ない」阻害要因の克服」を松田が担当，その他の節を玉木が担当して分筆し，相互に修正を加えた。
　また，本章の執筆，データ収集にあたっては，AML II プロジェクト事務局の萬田宏子さんならびに中山悦子さんをはじめとするプロジェクト・メンバーにご協力をいただいた。この場を借りて深く感謝いたします。

■ 注 ■

1. Kirkpatrick, D. L.（1998）*Evaluating Training Programs: The Four Levels.*（*2nd ed.*）Berrett-Koehler Publishers, San Francisco CA.
2. Phillips, J. J.（2003）*Return on Investment in Training and Performance Improvement Programs.*（*2nd ed.*）Butterworth-Heinemann, Burlington MA.
3. Horton, W.（2001）*Evaluating E-Learning.* ASTD. Alexandria VA.
4. Barrett, B.（2003）*Handout of Special Lecture at TITech.* Tokyo.
5. Phillips, V.（2002）Why Does Corporate e-Learning Fail? *The Virtual University Gazette.* June {http://www.geteducated.com/vug/june02/vug0602.htm}
6. Groccia, J. E.（1997）"The Student as Customer Versus the Student as Leaner," *About Campus.*, Vol. 2, No. 2, pp. 31-32.
7. 玉木欽也，小酒井正和，松田岳士共編（青山学院大学総合研究所：AMLIIプロジェクト著）（2003）『eラーニング実践法――サイバーアライアンスの世界』オーム社.

5 eラーニングによる教養教育と生涯学習——佐賀大学

佐賀大学 Data

2004年5月現在

概要・経緯

目　　的	遠距離通学や約10 km離れた医学部のキャンパスの学生を含めた一般学生に対して，さまざまな学習の機会を提供するためにストリーミング型のeラーニング・サイトを開発した。学部学生に，教養教育科目として対面講義なしでも単位取得できるネット講義として提供している。
準備期間	約1年（2001年5月〜2002年3月）
開始時期	2002年4月
公開規模視聴可能範囲	学部生には単位取得できる教養教育科目として提供し，一般市民には生涯学習として公開している。
公開科目数	VOD型ネット講義（5科目），非VOD型eラーニング（11科目）
授業担当教員数	オムニバス形式講義で，合計約40名
（これまでの科目数）	計16科目
（これまでの教員数）	のべ約140名

学習の実際

科目名（例）	「人間社会とコミュニケーション（教養教育科目）」
授業の実際	1. 学習効果を調べるために対面授業は実験的に実施 2. スタジオ収録の講義ビデオ・PowerPoint・資料等をオンデマンドで配信 3. 質問コーナーによる質疑応答 4. 小テスト，修了レポートを電子メールで提出
	「機械要素設計製図Ⅱ（専門科目）」
	1. 対面講義のほかに，毎週新規の講義シラバスと資料をウェブ上で配信。テキスト，静止画像ベース 2. 掲示板を利用したディスカッションを実施，学生間にも公開 3. 演習レポートや製図はウェブ上からまたは講義時間に提出 4. ウェブ上の小テストあり

システムの構成
ハードウェア	Windowsマシン4台，Linuxマシン8台
ソフトウェア	NetWalkers（独自開発）

運営
スタッフ総数	計4名
教員数と役割	教授1名：コーディネータ，LMS管理，助教授1名：コーディネータ，LMS管理
技術・事務職員数と役割	教務補佐員2名：ネット講義コンテンツの制作，LMS・サーバー・ウェブページ管理
大学院生数と役割	大学院生（修士），TA 6名：レポートと質問の整理，FAQ集作成（各人週3時間） 大学院生アルバイト2名：eラーニング教材開発
民間企業と担当業務	（株）佐賀電算センター2名：LMSの管理，メンテナンス，改善項目の遂行

組織体制

```
┌─────────────────────┐  ┌─────────────────────┐
│ ネット講義推進委員会    │  │ ネット講義研究 WG     │
│  ネット講義の企画       │  │ ネット講義の評価と改善提案│
└─────────┬───────────┘  └─────────┬───────────┘
          │                        │
          ▼                        ▼
┌─────────────────────────┐   ┌─────────────────────────┐
│ 教員2名                  │   │ 佐賀電算センター          │
│ ネット講義のオリエンテーション│──▶│ 佐賀大学と佐賀電算センター │
│ や学習管理システムの設定，  │   │ との共同開発メンバーで学習 │
│ トラブルへの対応等         │   │ 管理システムの開発         │
└─────────┬───────────────┘   └─────────┬───────────────┘
          │                              ▲
          ▼                              │
┌─────────────────────────────────────────┐
│ 教務補佐員2名                             │
│ 講義の収録，コンテンツのオーサリング，      │
│ PowerPointの編集，サーバーのシステム開発と  │
│ 管理，トラブルへの対応等                   │
└─────────┬───────────────┬───────────────┘
          ▼               ▼
┌─────────────────────┐ ┌─────────────────────┐
│ 大学院生，TA 6名     │ │ 大学院生アルバイト2名 │
│ 学期中の学生からの    │ │ eラーニング科目の     │
│ 質問への応答とまとめ作業│ │ 教材開発             │
└─────────────────────┘ └─────────────────────┘
```

評価
システム評価のための学生へのネット講義事前・事後アンケート調査（事後は授業評価も含む），教員へのインタビューを過去1回実施，アクセスログの把握（出席の確認を含む），レポート提出，質問回数等を評定に反映

1 ネット講義をどのように始めたか

時代的背景

　eラーニング推進の背景は，e-Japan重点計画[1]に基づく，情報のブロードバンド化（高速大容量通信）が挙げられる。2000年11月には，IT基本法が策定され[2]，文部科学省もeラーニングを推奨し，2001年3月には大学設置基準の改正が行われ，双方向で対面講義に相当する教育効果さえ確保できれば，卒業に必要な124単位のうち，60単位を非同期双方向のインターネットを利用した遠隔授業で修得可能になった。eラーニングを活用すると，問題になっている画一的な戦後教育から脱却して，個々人に応じた教育を実施することができる。

　本学においても，2002年度からほとんどすべての講義室に教育専用のLANコンセントが設置され，学内では学生が自分のノート型パソコンで好きな時間にインターネットが利用できるようになった。本学では慶應義塾大学等とのリアルタイムな遠隔講義の研究実績[3]もあるが，本章では教養教育運営機構（前全学教育センター）のネット講義[4]について述べる。VOD（Video On Demands）型ネット講義はeラーニングの一つの形態である。本学では，インターネットを活用したVOD型ネット講義をネット講義と呼んでいる。

eラーニングへのプロローグ

　1999年10月，全学部から集まった若手教員の有志で「若手教官による佐賀大学将来ビジョン懇話会」を設立した。本懇話会の目的は，本学の10～20年先の将来ビジョンを自由に討論し，その内容を報告書にまとめることであった。「魅力ある大学創り」への長期ビジョン，学部教育と大学院教育の充実，生涯学習を含めた地域との連携・協力の強化，国際交流の推進，学術研究の推進および環境整備などを自由に討議した。2000年3月には，報告書『若手教官の挑戦——どがんなる佐賀大学』[5]を作成した。本懇話会の開催期間は，2年間とし，毎月1回懇話会を開催した。教育ビジョンの一つとして「大講義室で行うマス

プロ講義は可能な限りネット講義や放送大学等に任せ，本学の教員はゼミ式の少人数教育に専念すべきである」という意見がクローズアップされた．ネット講義は，教務手続きや学生および教授支援体制が確立すれば，大講義室で行うマスプロ講義よりも高い学習効果が得られる可能性がある（図5.1）．

　2001年4月からは，各自でアクションプランを作成し，実施することにした．筆者らは，キーワードに「地域」，「教育」，「IT」を選び，インターネットを活用した教育，いわゆるeラーニングを軸に地域貢献活動を進めることにした．若手懇話会の教育ビジョンのほかに，以下のような動きもあった．数人の仲間が上原春男教授と話す機会を得た．そのとき，教授は「教育改革には場所と時間の開放が必要であること．インターネットはそれを達成できる大きなツールであること」を強調された．2001年4月には，「21世紀初頭の佐賀大学のあり方」も策定され，その中のアクションプランとして，「双方向型の遠隔講義の積極的な利用」，「IT利用の国際交流の研究教育設備の充実」などがうたわれていた．佐賀県高度情報化推進協議会のインターネット部会では，佐賀県の小・中・高におけるeラーニングを推進するためのNew Edu-Quake構想がまとめられ，全国的に注目されていた．筆者らは産学官民によるIT教育推進を目指した佐賀IT教育技術開発研究会発足の準備を行っていた．

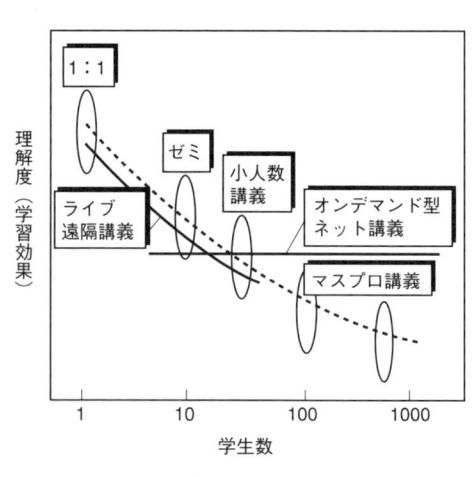

図 5.1　想定される講義形態と理解度

ネット講義の推進

2001年5月の全学教育協議会で,全学教育ネット講義推進委員会の設立が認められ,インターネットを用いた全学教育を充実・発展させることが決まった。ネット講義に期待される効果としては,個々人の能力に応じたカリキュラムが可能,学生のコミュニケーション能力の向上,教員の教授法の向上,講義内容の洗練化,評価の標準化,他大学との単位互換,高等教育の生涯学習としての転用などがある。しかし問題点も多く,インターネット技術,経費,労力,費用対効果,セキュリティ,著作権の問題など数え上げればきりがない。まずは可能な範囲で実施して,ノウハウを蓄積しながらネット講義を推進することになった。

同年8月に開催されたオープンキャンパスでミニ講義を企画し,テレビ会議でライブ配信するとともに,それを編集してVOD型講義コンテンツを作成し,ネット講義の実験サイト[6]を開設した。同年11月の全学教育協議会では,2002年度前期から,ネット講義「21世紀のエネルギーと環境問題」が総合型授業として承認された。

佐賀大学ネット講義の特徴

大学の講義としてeラーニングを実践するためには,多大の経費と労力および高度なインターネット技術を要する。そのため,わが国の大学におけるほとんどの実践的なeラーニングはトップダウン方式で進められているといっても過言ではない。それに対し,本学のネット講義は,ボトムアップ方式で実践的なeラーニングを立ち上げた珍しいケースである。学術情報処理センターや知能情報システム学科の教員や職員が中心でなく,有志のスタッフで開始した。学習管理システムはまだ実験段階であったが,学部生の教養教育科目を対象に単位取得可能なVOD型ネット講義を実施した。

学部生の一般教養教育科目としてインターネット上で単位の取得できる科目として,2002年前期から開講したネット講義「21世紀のエネルギーと環境問題」は,国立大学で初めての試みであった。後期からは,「くらしの中の生命科学」,「有明海学2」,「人間社会とコミュニケーション」の3科目を追加した。

ネット講義は前期も後期も開講できるので，4科目は8科目に相当する。

ネット講義はオムニバス方式で行ったので，すでに40名以上の教員がネット講義を経験している。これに全学教育ネット講義推進委員会，ネット講義研究ワーキンググループのメンバーを加えれば，60名以上の教員（全教員の約1割）がネット講義にかかわっていることになる。

これらのネット講義はネット講義生涯学習として，佐賀県民をはじめ全国的に公開している。大学の講義と一般市民に向けた生涯学習として両立させながら，eラーニングを展開させている大学は少ない。2004年2月には，生涯学習ホームページとして，高度映像情報センター（AVCC）のgoodsite賞に選出された。

ネット講義の推進コンセプト

ネット講義を継続し，発展させるためには，学習管理システムの充実，高度なコンテンツの開発，さらに人的なサポート体制の維持とサポート・システムの構築が欠かせない。

（1） 学習管理システムの充実

学習管理システムは，WebCT[7]やBlackBoard[8]などすでに世界中で使用されているものがあり，ある程度確立されている。しかしながら，本学においては，自前で新しい学習管理システムを開発することにした。第1の理由は，ボトムアップでしかネット講義を立ち上げられなかったために，経費がほとんどなかったためである。結果的には，それが功を奏したようである。自前で作成できれば，教育のあり方を左右させる最も重要な部分を，その大学の教育事情にあったようにデザインできる。また経費の面から考えて，ウェブ上から全学生が登録し，すべての科目をeラーニング化して，掲示板，シラバス，資料配布，講義配信，ディスカッションなどの便利な機能を利用することも可能になる。サーバーとシステム管理もアウトソーシングに頼りすぎてはeラーニングの開発が思うようにできない。(株)佐賀電算センターが開発したグループウェア「WebWalkers」をもとに，筆者らと共同で本学独自の学習管理システム「NetWalkers」[9]の開発を行った。

（2） コンテンツの開発

eラーニングの展開で最も問題になるのが，コンテンツをどのように開発するかである。初めは講義室で行われている対面講義を収録してコンテンツを作成する予定であったが，音声の重要性や毎回の講義収録準備の負担の大きさを考えて，ネット講義用の講義収録はできる限りスタジオで行うことにした。そこで文化教育学部附属教育実践総合センターとの共同作業で，マイクロ・ティーチング用のスタジオを利用することにした。スタジオにはファイル・サーバーを設置し，動画などのコンテンツを編集するために，スタジオ内の編集用パソコンはギガビットLAN回線で結んで迅速なコンテンツ管理ができるようにした。ブロードバンド化に伴い，ストリーミングの形態が変わったときに簡単に対応できるように，収録して編集した講師映像はAVIかMPEG2で保存することとした。高精細な映像であれば，電子図書館にも納めることができる。なお，講義コンテンツの著作権等の検討が必要であるが，本学がeラーニングに対し本腰を上げて著作権問題を検討するまでは，講師個人の了解が得られる範囲で利用することにしている。

（3） 人的なサポート体制について

これまでの本学のネット講義は，ボトムアップにより立ち上げ，教育研究という立場で試行してきた。ネット講義は，インターネット技術，経費，人的サポートのいずれが欠けてもうまくいかない。ネット講義を長期的に，さらに発展的に維持するためには，大学全体のサポート体制が必要であり，とくに学長のネット講義への理解とリーダーシップは欠かせない。

2 ネット講義実験サイトの構築

ミニ講義の収録

学内の教育研究および施設を一般市民に開放するオープンキャンパスの特別企画で，20分程度のミニ講義（10件）と90分程度のIT教育シンポジウムを実施し，そのときの講師や会場の映像をDVテープに収録した。DVカメラは2台用いた。講義スタイルは特別に定めなかったので，PowerPoint，OHP，配

■ 図 5.2　IT教育シンポジウムの実施と収録風景

布資料を用いたものなどいろいろな方法で行われた。IT教育シンポジウムは，コーディネータと5名のパネラーによる討論方式で行った。

同時に，リアルタイムに学内外の7施設を結び，CU-See Me と Meeting Point を用いてミニ講義やIT教育シンポジウムの光景の配信を試みた。PowerPointによるプレゼンテーション・スライドは，講義会場からアプリケーションソフト（RPT）で連動させた。IT教育シンポジウムの様子を図5.2に示す。右スクリーンには講義のプレゼンテーションを，左スクリーンには講師の映像や各会場から送られてきた映像を映した。

オーサリング

教育コンテンツの開発に必要な条件は，音声が鮮明で聞き取りやすいこと，プレゼンテーション（テキスト，図，表，グラフ，写真等），講師と受講者の間のインタラクティブ性，とくに最新の高性能クライアントでなくても受講可能，地域格差をなくし，どこでも聴けることなどがある。ネット講義実験サイト[6]においては，動画配信にダウンロード型のQuickTimeを利用し，サーバーにはパソコン（1 GHz，256 MB，40 GBのPC，OS：Linux）を用いた。

実験サイトのアンケート調査

本研究で開発したVOD型コンテンツが，これからのネット講義用として利

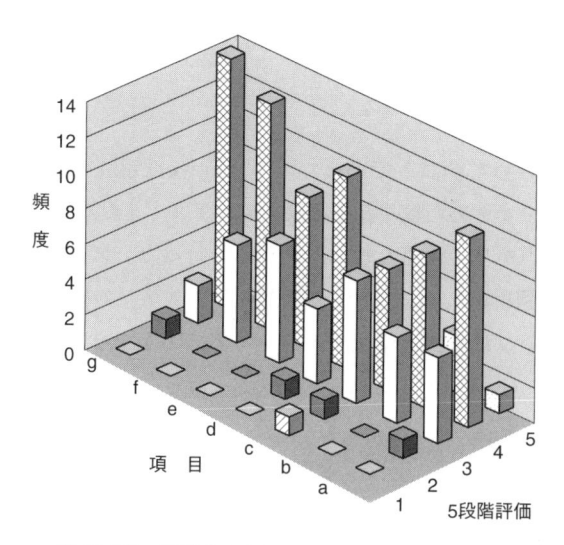

図 5.3　実験サイトについてのアンケートの結果

用できる可能性を調べるために，教員と学生合わせて20人に対し，アンケート調査を行った。その結果を図5.3に示す。アンケート事項は，(a) 講義画面の操作性，(b) 映像，(c) 音声，(d) プレゼンテーション，(e) 理解度，(f) 満足度，(g) 総合的にネット講義として利用可能の7項目で，5段階評価（1：非常に悪い，2：悪い，3：普通，4：良い，5：非常に良い）とした。すべての項目において，「普通」または「良い」という評価で，試作したVOD型コンテンツはネット講義として利用できる確信を得た。

3　ネット講義スタート（2002年度前期）

ネット講義科目

新しい試みであるネット講義の科目は，新しい開講科目とし，全学部に募集した。2002年度前期は1科目だけ実施することにした[10, 11]。科目名は「21世紀のエネルギーと環境問題」で，全学教育科目の総合型授業として他分野からも受講できるようにした。ネット講義は，教員の負担を減らすのと，幅広い知識

が得られるようにオムニバス形式で全学部から10名の教員が担当した。

講義収録について

ネット講義は初めての試みであったので，PowerPointの作成方法や講義収録時の注意などをまとめた簡単な「収録マニュアル」を配布した。講義収録は，講師の映像と音声を良くするためにスタジオで行った。スタジオでの収録打ち合わせの様子を図5.4に，収録機材を操作するスタッフの様子を図5.5に示す。収録・編集スタッフは教員と学生ボランティアでまかなった。一般の講義室に

■ 図 5.4　講義収録直前の打ち合わせ

■ 図 5.5　収録機材を操作するスタッフ

おける講義と異なり，学生ではなくカメラと向き合うため，最初の頃は講師に戸惑いがあったが，講義に熱が入るといつもの講師の姿に戻った。

講義には，黒板の代わりにノート型パソコンのPowerPointを用いた。VOD型講義コンテンツのスタイルとしては種々考えられる。今回の講義収録では，講師の姿と音声を収録し，その後ストリーミング用にオーサリングした講師の映像とGIF形式のプレゼンテーション・スライドを組み合わせたものを配信するスタイルにした。

コンテンツの作成

VOD型講義コンテンツ作成の作業手順を図5.6に示す。講師の映像と音声は，2台のDVカメラからDV-CAMに保存される。DV-CAMのデータはスイッチャによって，2台のカメラから収録されたものが適当に収められている。今回は，このDV-CAMに格納された講義中の映像と音声データを，編集ソフト（Premiere）でキャプチャーし，空白の時間などを削除することにより，よりスムースな講義に仕上げ，圧縮作業（エンコード処理）を行った。講師の映像

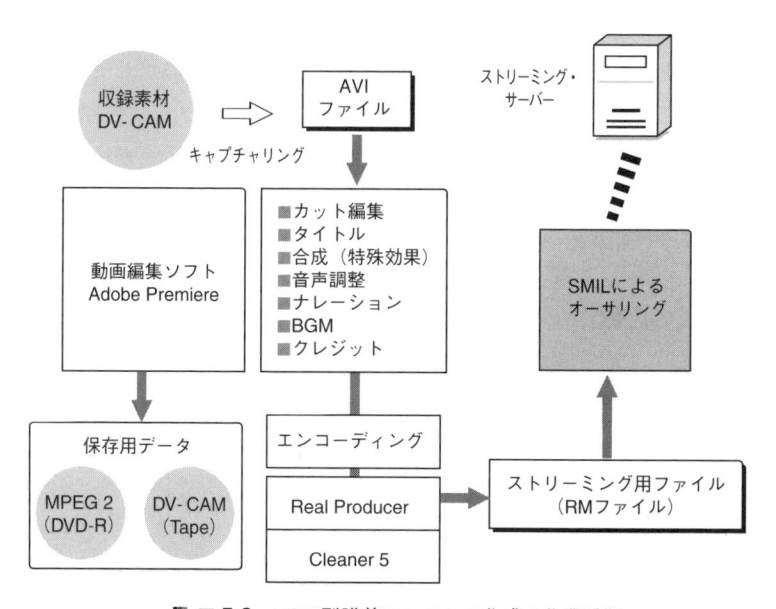

図 5.6 VOD型講義コンテンツ作成の作業手順

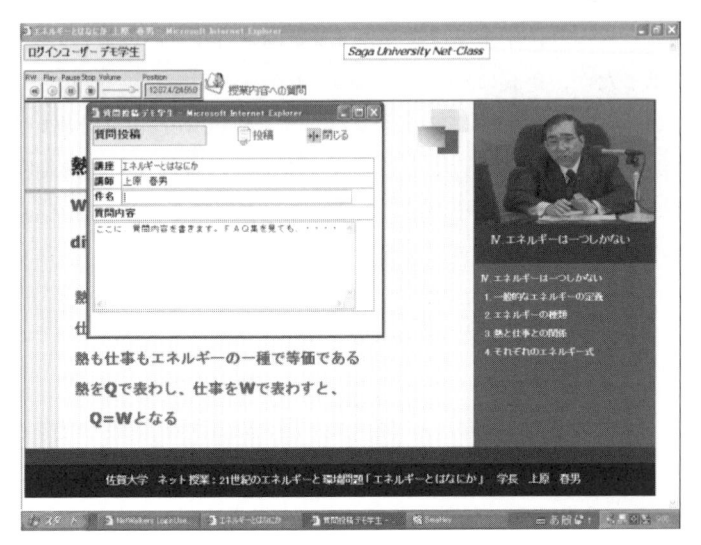

■ 図 **5.7**　VOD型ネット講義とポップアップした質問画面

　配信にはRealPlayerを用いた。VOD型講義コンテンツは，SMIL（Synchronized Multimedian Integration Language）言語[11]を使って，帯域にあわせて圧縮処理した講師の映像と音声（リアルビデオ）とGIF形式のプレゼンテーション・スライド（PowerPointから作成）を時間軸にあわせて作成した。ローカルマシンで動作確認を行ったあと，RealPlayerサーバーにFTPでアップロードする。オンラインで，ネット講義の動作確認を行った。VOD型ネット講義では，講義中にいつでも質問できるように，ポップアップ画面を設けた（図5.7）。

サーバーの配置

　2003年度以後は，学習管理システム（NetWalkers）サーバー，ストリーミング動画配信サーバー，およびメール・サーバーはすべてeラーニング・スタジオ（附属教育実践総合センター）に設置している。しかし，ネット講義を立ち上げた2002年度は，学習管理システム・サーバーは，学外の（株）佐賀電算センターのものを利用した。

■ 図 5.8　ガイダンスの様子（テレビ取材2002年4月16日）

講義の維持管理

　大学の教務上の処理についていえば，ネット講義は従来の対面講義と何ら異なるところはないが，講義室で教員が行うことをウェブ上ですべて行うので，受講手続きや管理体制が若干異なる。①受講生は，一般の科目と同様に履修届を全学教育センターに提出。IDとパスワードはネット講義管理者が交付。②各講義は，あらかじめ定められた期間（1週間）に受講。③連絡には電子メールと電子掲示板を使用。④受講生には，毎回の講義に質問を義務づけ，質問の有無により出欠を判定。⑤質問と回答は講義期間終了後掲示板で，受講者全員が閲覧可能。⑥毎回講義にレポートを課し，提出は講義期間終了後数日以内とし，各講義担当者が評価。⑦期間を過ぎた講義はいつでも閲覧可能であるが，質問とレポート受付は講義期間のみ。⑧期末最後に補講期間を設け，質問もレポート提出も可能。⑨期末には講義室で筆記試験。⑩成績は上述の総合評価。

　15回の講義のうち，はじめの2回は講義室でガイダンス（科目の説明，教育用LANの利用方法，ネチケット，ネット講義の視聴方法の説明など）を行った（図5.8）。

受講者数と受講状況

　受講定員は当初定員50名としていたが，受講希望者が殺到したので，実際には130名の履修を認めた。しかしながら，ネット講義がどういうものかが周

知されておらず，受講者の中には「パソコンを用いる従来の対面講義」と勘違いした学生も多かった．インターネットを利用したネット講義であること，受講するためにはパソコンとインターネットが必要なこと，毎週質問とレポートの提出が必要なこと，さらには期末に筆記試験があり，従来の講義よりも負担が大きいことがわかると数週間で受講者は約70名に激減した．その後，自宅でパソコンの環境設定がうまくいかないなどの理由で履修を断念した学生もいて，単位取得者数は48名であった．130名の受講申請者に対する単位取得者数の割合は37％である．定期試験のときに実施したアンケートによると，VOD型ネット講義は従来の対面講義に比べて劣るという評価は意外に少なかった．受講者の中にはネット講義を視聴しながら，Wordでノートをとる学生やインターネットで専門用語を検索する学生など，パソコンの機能を最大限に利用できる学生もいた．

4 ネット講義の状況（2002年度後期）

ネット講義科目の増加と受講状況

2002年度後期に向けて，全学教育科目ネット講義の再募集を行い，「21世紀のエネルギーと環境問題」のほかに，「くらしの中の生命科学」，「有明海学2」，「人間社会とコミュニケーション」を開講することになった．4科目とも受講者定員は100名とした．受講申請者と単位取得者数を**表5.1**に示す．単位取得状況は申請者の40％である．科目別に見ると，22～57％とかなりばらつきが

表5.1 ネット講義受講者（2002年度後期）

科目名	受講申請者	単位取得者	単位取得率(%)	アンケート回答者
21世紀のエネルギーと環境問題	96	30	31	30
くらしの中の生命科学	89	51	57	51
有明海学2	77	17	22	22
人間社会とコミュニケーション	77	37	48	26
計	339	135	40	129

あった。「くらしの中の生命科学」は内容が専門的すぎるという声が多かったが，単位取得率は高かった。

ログイン状態

2002年後期に実施したネット講義の視聴状態を調べるためにアクセスログ状態を解析した。ネット講義の曜日別のアクセス数を図5.9に示す。視聴期間は，3科目が火曜日から次週の月曜日まで，1科目が木曜日から次週の水曜日までとした。火曜日と木曜日に視聴が多い傾向を示している。土曜日と日曜日も平日の1/3〜1/2程度視聴しているのは，学外からの視聴を示している。

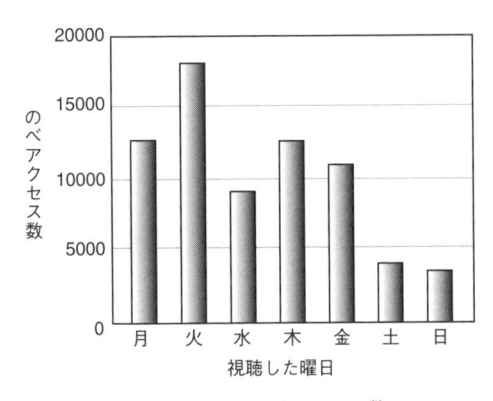

■ 図5.9 曜日別アクセス数

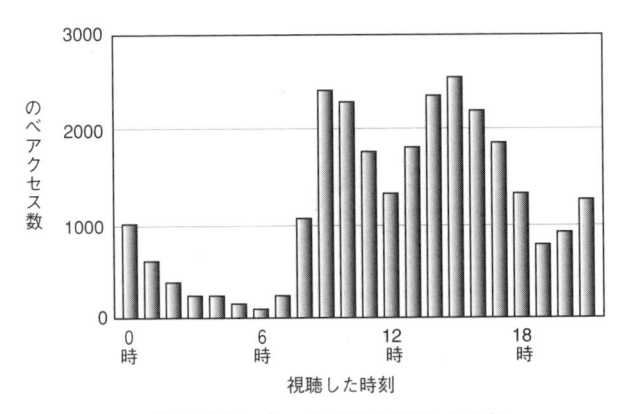

■ 図5.10 ネット講義を視聴した時刻

視聴した時刻の分布を図 5.10 に示す。さすがに朝方の視聴は少ないが，24時間視聴できるネット講義の特徴が表れている。10：00〜12：00 と 14：00〜18：00 が多いのは，ネット講義を学内の学術情報処理センターや各学部の情報教室等で視聴しているからである。20：00 以降は主に自宅で視聴していると思われる。

アンケート調査

期末試験のときに実施したアンケートのうち，受講生の所属学部，学年，視聴した場所の割合を図 5.11 〜図 5.13 に示す。理工学部，経済学部，農学部，文化教育学部の順になっている。学年別では 2 年生が過半数を占めている（2003 年度は，3 年生が多かった）。新入生よりも在学生（とくに 2 年生）に受講申請者が多いのは，2 年生はすでに情報教育を受け，全員メール・アカウン

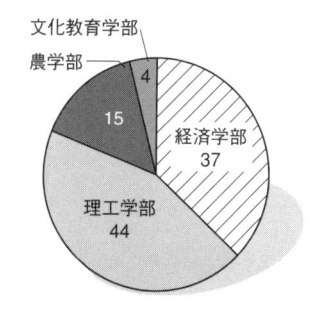

■ 図 5.11　受講生の学部別の割合（%）

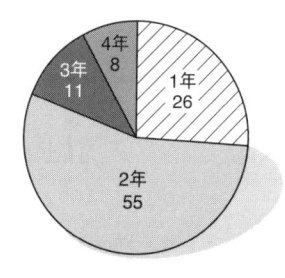

■ 図 5.12　受講生の学年別の割合（%）

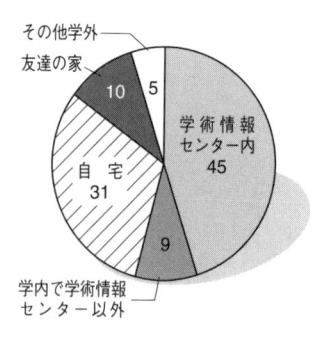

■ 図 5.13　視聴場所（%）

トをもっているからであり、4年生になると教養教育科目はほとんど取得できているので、履修者は少なくなる。しかし、3, 4年生の履修者の中には、卒業研究に忙しいのでネット講義は大変ありがたいというコメントが多い。視聴した場所は、45％が学術情報処理センターで、40％が自宅または友達の家となっている。

パソコン所有の有無とインターネット加入者を表5.2に示す。最後までネット講義を視聴した学生のうち、約40％は自分のパソコンをもたず、主に大学で視聴した。パソコンを所有している学生は、約60％で、そのうち70％以上が、ADSLやCATVのブロードバンドのインターネットに加入していた。ISDNは10％以下であった。

ネット講義を視聴して良かった点と悪かった点をまとめた結果を図5.14と図5.15に示す。ネット講義の視聴を終了した学生（129名）でも、全般的にネ

表5.2 パソコンの所有の有無（2002年度後期）

科目名	アンケート回答者	デスクトップ型パソコン所有	ノート型パソコン所有	パソコンなし	インターネット加入
21世紀のエネルギーと環境問題	30	8	14	6	17
くらしの中の生命科学	51	8	19	34	18
有明海学2	22	12	7	3	15
人間社会とコミュニケーション	26	7	14	7	13
計	129	35	54	50	63

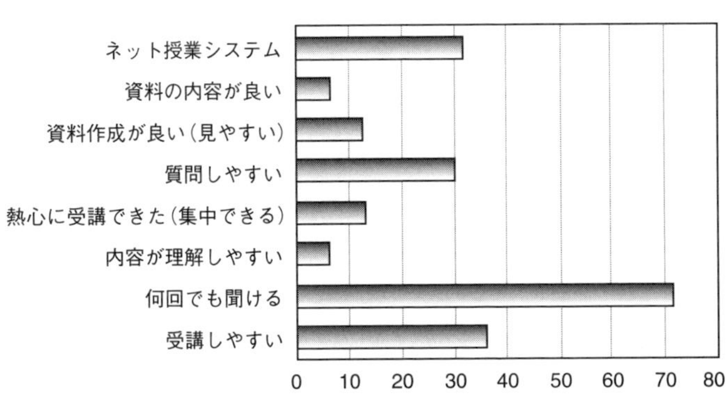

図5.14 ネット講義の良かった点

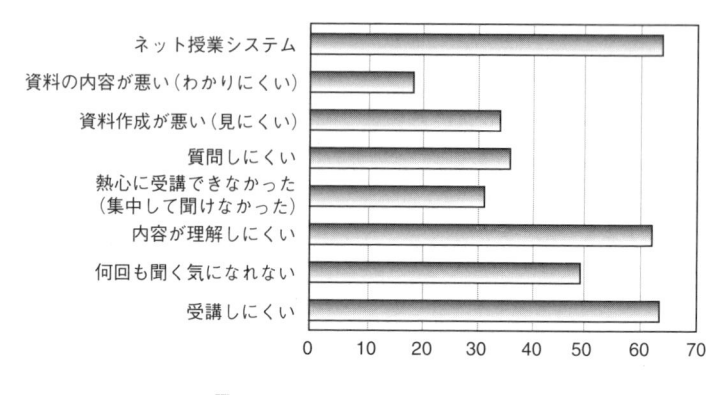

図5.15 ネット講義の悪かった点

ット講義に対して，学習管理システムおよび講義（コンテンツ）に対する不満はかなり大きかった。

問題点の把握

本学では，ネット講義の管理運営を行う学習管理システムとして，筆者らと（株）佐賀電算センターとの共同研究で独自に開発したNetWalkersを利用している。2002年度はネット講義を実施することが第1の目的であった。前期は1科目のため，人手をかけてなんとか乗り切ったが，後期4科目に増やすと，講義収録や編集に加え，ネット講義の維持管理に関する雑務も激増し，学生や教員との連絡が滞り，未消化作業が日に日に積もってきた。このことは，学生へのサービス体制の低下につながる。当然，宣伝効果の高いネット講義とはいえ，次年度からは教育効果や評価法が要求されるようになった。

VOD型ネット講義のコンテンツ作成およびネット講義の運用上の事務作業を挙げると，講義受講者のリスト作成および視聴登録，未収録講義の講師との連絡，プレゼンテーション（PowerPoint）の確認，講義の収録，オーサリングなどの進捗状況の確認，できあがった講義コンテンツの確認依頼通知，ディスカッションルーム（談話室）の状況確認，質問に対する講師の回答処理状況の確認，各講義のレポートの整理，未採点レポートの採点依頼，ネット講義についてのトラブル対応と整理，TA（ティーチング・アシスタント）の仕事割

り振りと確認,学生スタッフ(収録・編集)の作業時間の確認など,実施してみないとわからない作業が山ほどでてきた。さらにパソコンやインターネットに関するトラブルへの即時対応の体制が常時必要であり,とても講義をもつ教員の片手間や講義のある学生のボランティア活動でまかなえる事務作業レベルではない。

自宅からでも単位取得できるネット講義は初めての試みで,実際に本人が受講していることを確認するために,毎回の講義で質問を義務づけ,質問の有無により出欠を判定することにした。中にはじっくり考えた質問もあり教員を喜ばせたが,逆に大学生の質問とは思えない低レベルのものも数多くみられた。このときの質問の一部はFAQ作成に利用した。しかし,毎回の講義において受講生全員に質問を義務づけることは,それに回答しなければならない講義担当教員にとって大きな負担になり,ネット講義を拡充する上で望ましくないと思われたので,2003年度からは質問を出欠に結びつけるのは中止した。

5　2年目を迎えたネット講義(2003年度)

2002年度のネット講義実施中に,学生と講師から指摘された事項も吟味して,できる範囲で次のような改善を行った。学生,教員(講師),管理者の責任を明確化し,それぞれのガイダンスやヘルプ機能を充実させた。

ネット講義の改善

(1)　学習管理システム(NetWalkers)の改善

ウェブ登録,教務関係掲示板と科目別掲示板の分離,学生用と先生用ヘルプの充実,FAQ集などを改善した。さらに教員に対し,質問とレポートの到着お知らせメール,未回答質問件数と未採点レポート件数の表示,質問・回答のFAQ集登録機能,レポートの逐次採点機能,および成績管理などを充実させた。

ネット講義管理者と科目担当教員の仕事の分担を図5.16に示す。コンテンツ作成は管理者が担当するが,講義が始まれば教員がほとんどの作業を教員の研究室から行えるようにした。2003年度の段階では,科目の新規設定や講義受講者登録が管理者に限定されているが,今後は教官が行えるように改善する

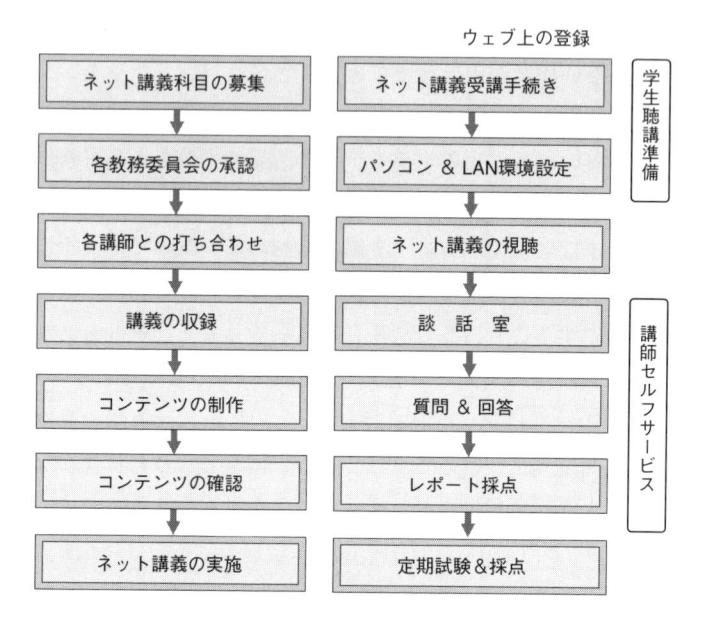

```
                            ウェブ上の登録
┌─────────────────┐    ┌─────────────────┐  ┐
│ ネット講義科目の募集 │    │ ネット講義受講手続き │  │学
└─────────────────┘    └─────────────────┘  │生
         ↓                      ↓            │聴
┌─────────────────┐    ┌─────────────────┐  │講
│  各教務委員会の承認  │    │ パソコン & LAN環境設定 │  │準
└─────────────────┘    └─────────────────┘  │備
         ↓                      ↓            ┘
┌─────────────────┐    ┌─────────────────┐  ┐
│  各講師との打ち合わせ │    │  ネット講義の視聴   │  │
└─────────────────┘    └─────────────────┘  │
         ↓                      ↓            │
┌─────────────────┐    ┌─────────────────┐  │講
│    講義の収録     │    │    談 話 室     │  │師
└─────────────────┘    └─────────────────┘  │セ
         ↓                      ↓            │ル
┌─────────────────┐    ┌─────────────────┐  │フ
│   コンテンツの制作  │    │   質問 & 回答    │  │サ
└─────────────────┘    └─────────────────┘  │ー
         ↓                      ↓            │ビ
┌─────────────────┐    ┌─────────────────┐  │ス
│   コンテンツの確認  │    │    レポート採点   │  │
└─────────────────┘    └─────────────────┘  │
         ↓                      ↓            │
┌─────────────────┐    ┌─────────────────┐  │
│   ネット講義の実施  │    │   定期試験&採点   │  │
└─────────────────┘    └─────────────────┘  ┘
```

図 5.16 ネット講義実施のフローチャート

予定である。

(2) コンテンツのリニューアル

2002年度に作成したすべての講義コンテンツに対し，部分修正または再収録を行った。とくに音声の小さいものは大きくし，プレゼンテーションの文字の大きさを調整した。またISDNでも聴けるように，動画はマルチエンコード (28 kbps, 56 kbps) で配信することにした。講師映像をAVIまたはMPEG2で保存して，今後ストリーミング形態が変わっても，わずかの作業でコンテンツが再生できるようにした。

(3) ネット講義配信サーバーの拡充

2003年度からは，学内用・学外用映像配信サーバーを分離して運用できるようにした。これは，一般市民に向けたネット講義生涯学習の準備も兼ねていた。学外からのアクセスに対しては，スタジオから学外へ直接CATV回線でネット講義を配信する。また，eラーニング専用のメール・サーバーも設置して，電子メールで各学生のメール・アカウントや携帯メールに掲示内容がサー

ビスできるようにした。

（4） ネット講義の管理・運営体制

ネット講義を継続し発展させるためには，人的なサポート体制の維持とサポート・システムの確立，とくに学生および講師のサポート体制を整えることが重要である。研究的ネット講義のレベルから脱却して，大学全体のコンセンサスを得たレベルへの移行が必要である。

アンケート調査

2003年度前期は3科目を開講した。受講登録者数などを表5.3に示す。学習管理システムやコンテンツを大幅に改善して臨んだが，登録者に対する平均単位取得率は46％であった。期末試験時に実施したアンケートで，受講前のパソコンの操作スキルを調べた（図5.17）。パソコン操作が全く初めてという学生が9％，小中高の講義で使ったことがあるという学生が17％いた。途中で聴講を断念した学生まで含めて考えると受講申請者の半分以上がネット講義を

表5.3　ネット講義受講者（2003年度前期）

科目名	受講申請者	単位取得者	割合(%)
21世紀のエネルギーと環境問題	107	54	50
くらしの中の生命科学	51	17	33
人間社会とコミュニケーション	113	53	47
計	271	124	46

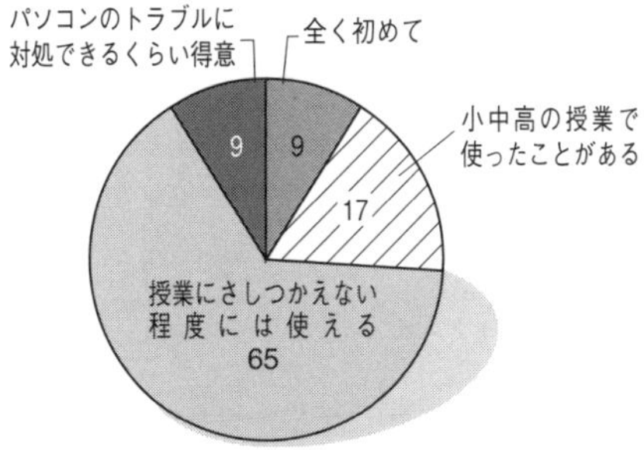

図5.17　受講前のパソコンスキル(%)

容易に聴ける状態ではなかったということである。ウェブ上で動画ストリーミング配信を利用したVOD型ネット講義を聴くには，ある程度のインターネットにアクセスできるスキルがないと，視聴できない場合が多々ある。たとえば，自宅のパソコンでネット講義が聴けなくて困っているとき，電子メールや電話での対応は困難である。自分のパソコンで受講できたかという質問に対し，「いいえ」が39％を占めた。これは，32～64 kbpsのパケット通信のLANカードではVOD型ネット講義を聴くのが困難であったためである。

　図5.18は，同じ講義を聴いた平均回数を示しており，1回が64％，2回が31％，3回以上が5％であった。講義は，15～20分に小分けして聴けるようにしている。ネット講義について関係する事柄を，「はい」，「いいえ」で聞いた結果を図5.19に示す。2002年度後期に比べると，ネット講義がかなり改善されたことがうかがえる。ただし，ヘルプや談話室の利用状況は良くない。また，音声については声を大きくするなどかなり改善したが，テレビなどのメディアに慣れている学生を満足させるには至らなかった。

　2003年度後期には4科目を開講した。受講申請者数と単位取得者数を表5.4に示す。4科目の平均の単位取得率は48％で，今までで一番単位取得率が高かった。ネット講義がどのようなものか学生に周知され始めたようである。ネット講義科目を3科目受講した学生が6名，2科目受講した学生が40名いた。ネット講義を最後まで視聴しなかった学生の声も聞きたいということで，期末試験前の1週間内にウェブ上でアンケートを実施した。100件の回答のうち，途中でネット講義を視聴するのを断念したという学生が8名もいた。もっと早い

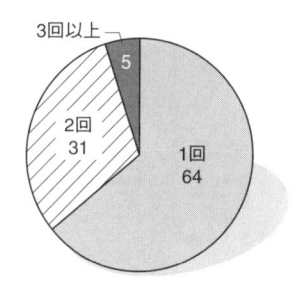

▎図 5.18　同じ講義の平均視聴回数(％)

図 5.19　ネット講義についての評価

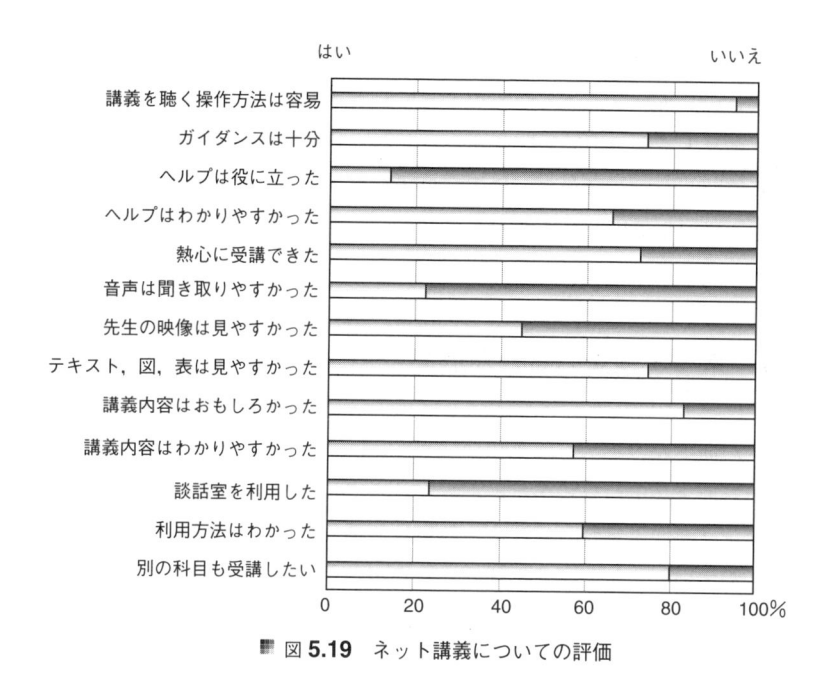

表 5.4　VOD型ネット講義受講者（2003年度後期）

科目名	受講申請者	単位取得者	割合(%)
21世紀のエネルギーと環境問題	74	44	59
くらしの中の生命科学	35	10	29
有明海学2	96	48	50
人間社会とコミュニケーション	87	39	45
計	292	141	48

時期にウェブ・アンケートを実施すれば、学生の声がもっといろいろ聞けるし、講義をやめようとしている学生へのサポートが可能になる。

　アンケートをまとめると、これまでとほとんど同じであったので詳細は省略するが、自分のパソコンで視聴した学生が約60％もいた反面、VOD型ネット講義の映像が見づらい、音声が聞き取りにくい、早送り機能がないので講義の途中でトラブルがあったとき視聴に苦労したという苦情が依然として多かった。一方、講義内容は専門的すぎるという意見が多いにもかかわらず、おもし

ろかった，熱心に受講できたと回答した学生も多かった。ネット講義科目を増やして欲しい，ネット講義時間を短くしてレポートをまとめるのに集中させて欲しい，ネット講義の中で質問するだけでなく時には直接先生方に会って話を聞いたり質問したい，講義の前に講師の履歴だけでなく研究室も紹介して欲しい，佐賀大学でも世界的な研究がなされている事実を知り感動したという声も聞かれた。

6 ネット講義の新たな展開

（1） 対面講義のネット講義化

講義を対面講義中に収録すると，講義に熱中した講師の動きは速くなり，ストリーミング映像は見づらくなる。教室は空調機などの雑音が多く，講師の声も反響しやすいので，マイクを使っても音声がかなり劣化する。毎回の収録準備が大変である。編集にかなりの時間がかかる。苦労した割に講義コンテンツのできあがりが良くない，など多くの問題点はある。しかし，講義室での講義をネット講義化したいという要望は多い。そこで，実験的に2003年に開催された「佐賀環境フォーラム」の全講義を収録してVOD型講義コンテンツを作成した。2003年度後期は単位取得できない科目として開講した。さらに，このネット講義は生涯学習サイトで開講している。

スタジオでの収録に比べ，学生の前に立つと講義が流暢になり，講師に対する圧迫感は少ない。佐賀環境フォーラムの講義は，普通の講義室で収録したために，音声がこもった感じになり納得いかない仕上がりであった。高度なVOD型講義コンテンツを作成するためには，反響の少ない収録設備の整った収録専用講義室を確保する必要がある。

（2） ハイブリッド型ネット講義

VOD型ネット講義は，時間（カリキュラム）と講義室にこだわらない新しい大学教育システムの可能性をもたらすことがわかってきた。しかしながら，教育はネット講義だけではまかなえないこともある。とくに，問題発見や問題解決のための学生と教員，学生同士の討論に対面講義は重要である。これらは学習管理システムの掲示板やチャットを利用しても可能ではあるが，学生のコ

ミュニケーション能力の向上のためにこそ面と向かいあって人と人が討論することが必要である。そこで，本学においては，VOD型ネット講義だけでも単位取得できるが，学習効果を増加させるために，ネット講義に対面講義をプラスしたハイブリッド（ブレンディッド）型ネット講義[13]を試行した。「人間社会とコミュニケーション」では，VOD型ネット講義と教室での対面講義を組み合わせて学習効果をあげる工夫をした。ネット講義を視聴して対面講義の準備をし，対面講義では学生同士の討論を行う。一方的に教える教育から思考力を育成する教育への効果が期待できる。ネット講義を視聴した学生と教員が討論している様子を図5.20に示す。

　ハイブリッド型講義では，VOD型のeラーニングと対面講義が併存する。そこでネット講義と同一の教員から1週間後に対面講義を受けた学生から，両方の講義の特徴を聞いた。学生はネット講義の全受講生の半分程度の26名であった。まずネット講義の利点は，「余った時間を利用して講義が受けられる」（56%），「いつでもどこでも受けられて便利だ」（15%）が全体の7割を占めた。「質問がしやすい」，「学校にいかなくてもいい」がそれぞれ2%，「聞き戻しができる」，「何度も繰り返し見ることができる」，「ポーズで止めてノートできた」，「何度でも聞ける」がそれぞれ1%であった。また短所としては「途中で止まった」（30%），「早送りできるようにして欲しい」（17%），「毎回のレポートはきつい」（7%），「音声が小さい」（7%）などの技術的な問題が多かった。

図 5.20　ハイブリッド型ネット講義

対面講義に対しては,「他者の意見には,いろいろな考え方があることがわかった」(44%),「対面式はいろいろな発見があり,ネット講義ではこれだけの刺激を受けることはできない」(9%),「質の高い意見が聞けた」(3%),「ネット講義の細かいところまでわかった」(2%),「対面式の方が,緊張感があってよい」,「話しながらテーマが展開していくのは,おもしろい」,「先生の体験談がわかりやすく,イメージがわきやすかった」,「ネット講義でもこのような意見がだせるといいですね」,「共感できた」,「自分だけでは考えることができない」などの長所が挙げられた。また対面講義の短所としては「人前で話すことが苦手(ネット講義なら大丈夫だろう)」(3%),「ネット講義の方がよい」,「対面式は先生の気分で内容が変わりやすい」(1%)が挙げられ,ネット講義と対面講義がそれぞれ独自の特徴をもち,両方をブレンドする講義方法の必要性が明確になった。

(3) eラーニングを併用した対面講義

講義概要,講義資料や演習問題の配布などは個人ウェブページを利用しても実施できるが,学外にまで公開する必要はない。学習管理システムでは,掲示,シラバス,講義資料配布,ディスカッションルーム,演習,小テスト,アクセスログ解析や成績管理までもが行え,普通講義室で行うのと同様に講義受講者のみに閲覧を許可することができる。筆者らは本学で開発している学習管理システム「NetWalkers」を利用して,すでに開講している対面講義のeラーニング化をどのように進められるか実践的な研究を行った。

「機械要素設計製図Ⅱ」,「機構学」の受講者はそれぞれ123名と116名で,何れも機械工学システム工学科の必須科目である。全員「NetWalkers」に登録し,ウェブ上で講義に関する掲示,講義ノート,講義資料配布,ディスカッションルームなど利用できるようにした。eラーニングになじませるために,あえて講義資料配布はウェブ上で行った。「機械要素設計製図Ⅱ」では,講義シラバスに製図図則,歯車加工現場,歯車減速機メーカーなどのウェブページとリンクさせ,インターネットですぐに調べられるようにした。製図図則はウェブ・テストで学生の理解度を確認した。機構学では,リンク機構の動きや速度・加速度ベクトルのアニメーション表示[14, 15]を行い,ウェブ上で学習できるようにした(図5.21)。

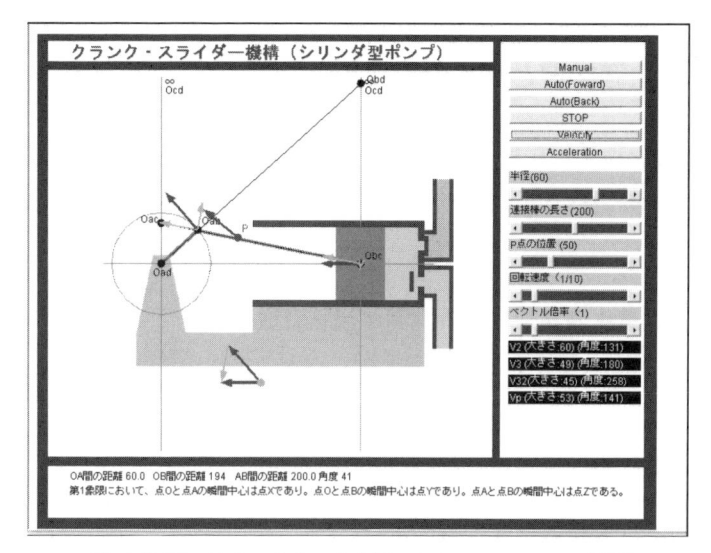

■ 図5.21　速度ベクトルを表示したクランクスライダ機構

　対面講義にeラーニングを併用すると，学生の学習に対する差別化が起こった。約1/3の学生は，講義前に資料配布すると能動的に学習していくが，約1/3の学生は配布資料を印刷したもののほとんど予習せず，残りはウェブページをほとんど見ていない状態であった。初めの講義時間に，eラーニングを利用した予習の仕方やディスカッションルーム等の活用方法をもっと詳しく教えておく必要があると痛感した。学生がこのようなeラーニングの利用方法を身につければ，学生の能力に応じたカリキュラムの可能性があり，JABEE（日本技術者教育認定機構）[16]を意識した学習環境変革への構築が可能性になるであろう。

　2004年度から，筆者らの10数科目の講義にeラーニングを併用して，休講のない講義の構築を目指している。このeラーニングを併用した講義を日常的に維持できれば，VOD型ネット講義の学習効果をもっと高めることができる。学習管理システムを改善して，講義シラバス，資料配布，掲示板やディスカッションルームなどを学生や教員が十分に使いこなせる環境作りが必要である。

7 生涯学習としての活用

学生対象に開発したネット講義を生涯学習として利用することにした[17]。コンテンツの著作権について明確にしていないが，個々の講師の承諾を得て利用した。

ネット講義生涯学習の試行期間と視聴者数

- 第1回（2002年9月：1カ月間，視聴申請者：60名）
- 第2回（2003年2月：1カ月間，視聴申請者：50名）
- 第3回（2004年1月～：1年間，視聴申請者：970名）

第3回ネット講義生涯学習の実施

地域貢献推進室の一つの事業として，学部生対象に実施している教養教育科目4科目（「21世紀のエネルギーと環境問題」，「くらしのなかの生命科学」，「有明海学」，「人間社会とコミュニケーション」），「2003年度佐賀環境フォーラム」，「教養あらかると」を，2004年1月5日から『佐賀大学ネット講義生涯学習』として開講した。当初定員は300名で企画したが，非常に反響が大きか

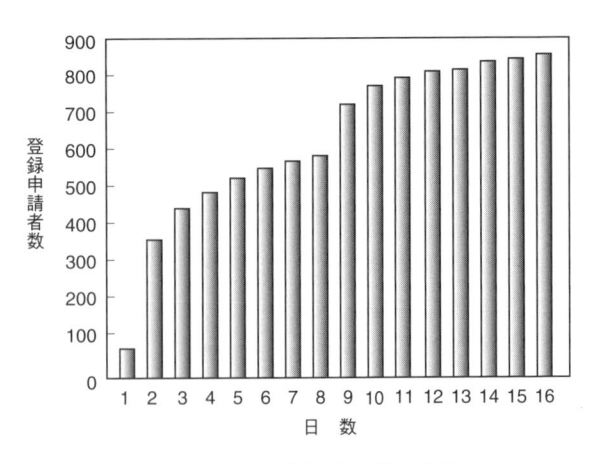

■ 図 5.22 受講申し込み数の変化

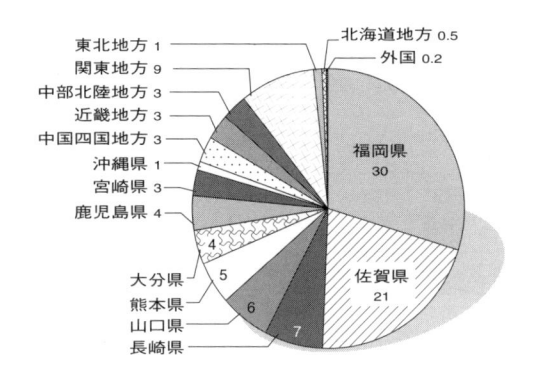

■ 図5.23　申請者の地域別の割合（％）

ったので，970名受け付けた。受講申請はウェブ上から行うようにして，簡単なアンケート調査も行った。

① 受講申請状況

インターネットを利用した生涯学習が，新聞やテレビ，ラジオで放送された後の反響は大きく，1月7日には約300件，1月14日には約150件の申し込みがあった（図5.22の2日目と8日目）。ネット講義生涯学習のウェブページへのアクセス数は，記者会見後2週間で8000件以上（1日平均570件）あった。

② 地域別

図5.23に示すように，申請者は九州各県と山口県で80％を占めている。外国からも2件の申し込みがあった。

③ 男女別・年齢層・職業

3/4が男性で，1/4が女性であった。年齢層は，40歳代が29％，50歳代が25％，30歳代が16％であった（図5.24）。なかには高校生からの視聴申請もあった。職業別を見ると，会社員や公務員が約半分を占めている（図5.25）。家庭より職場のインターネット環境が良いためとも考えられるが，年齢層や職業から，ネット講義が企業の再教育や資格取得に適していることがうかがわれる。

④ インターネット環境

VOD型ネット講義は，インターネット回線がブロードバンドでなければ，快適に視聴できない。アンケートによるインターネット回線の状況を図5.26に示すが，申請者の90％近くは満足していた。

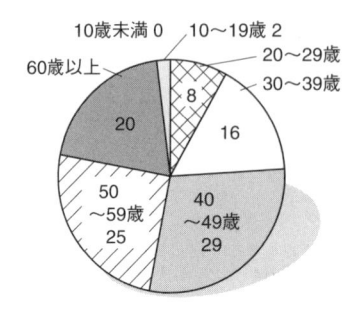

図 5.24 年齢別の割合(%)

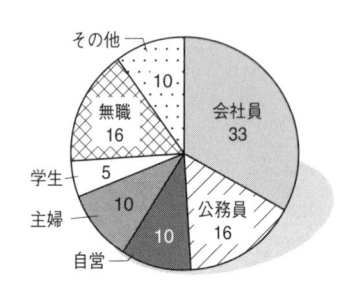

- 10歳未満 0
- 10〜19歳 2
- 20〜29歳 8
- 30〜39歳 16
- 40〜49歳 29
- 50〜59歳 25
- 60歳以上 20

図 5.25 職業別の割合(%)

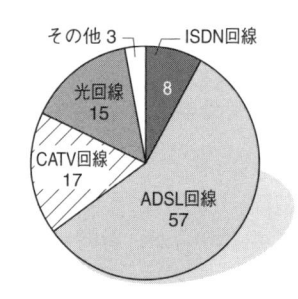

- その他 10
- 無職 16
- 会社員 33
- 公務員 16
- 自営 10
- 主婦 10
- 学生 5

図 5.26 インターネット回線の状況(%)

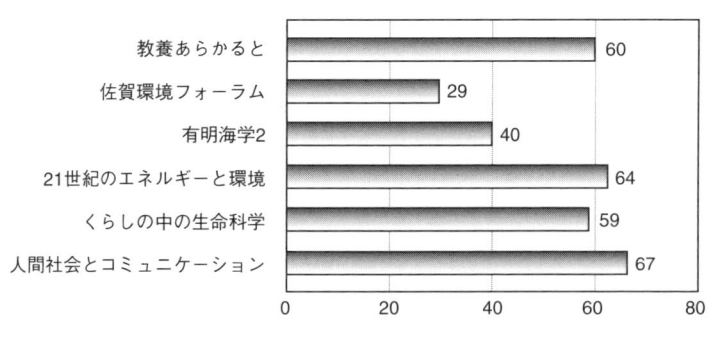

- その他 3
- ISDN回線 8
- 光回線 15
- CATV回線 17
- ADSL回線 57

図 5.27 科目別聴講申請の割合(%)

- 教養あらかると 60
- 佐賀環境フォーラム 29
- 有明海学2 40
- 21世紀のエネルギーと環境 64
- くらしの中の生命科学 59
- 人間社会とコミュニケーション 67

⑤ 受講科目

6科目のうち，最も申請者の多かった科目は「人間社会とコミュニケーション」の67％で，全科目を申し込んだ人数は124名（約25％），平均3科目であった（図5.27）。

⑥　コメント

270名の方から質問やコメントを得た。いくつかを紹介する。

- 行きたくても行けなかった大学。子ども達も巣立ってしまい，「自分のための勉学を」と思ってはみても仕事があって思うようになりません。今回の取り組みを新聞で知り早速応募してみました。ついていけるかどうか心配ですが頑張ります（長崎県・女性）。
- 年齢に関係なく海外からでも講義が聞けるのはすばらしいですね。いろんな事を勉強したいのですが，学校へ行くのには時間に束縛されます。若いときには勉強が嫌だったのですが，年を重ねるに従って学習意欲が増しています。なかなかチャンスがなくあきらめていたので，オンラインでできる様になったのは大変すばらしい事だと思います（海外在住・男性）。
- 大学院を修了して，また何かを勉強したくなりました。人と人とのコミュニケーションの仕組みに興味があります。なぜ，人気者といじめの対象になる生徒が発生するのか，それを研究することで，学校教育の指針も変わると思います。私は，理工学部だったのですが，文系でそんな研究ができたら…とも思いました（宮崎県・男性）。
- 社会が豊かになるには，個人の教養向上が欠かせないと思います。このような機会を提供いただくことに大変感謝しております。また，生涯学習の指針となるようなキャリアに関しての講座も併設されているとよいと思います（愛知県・男性）。
- 年に1～2回ほど通信制大学のようにスクーリングのように本学のキャンパスでなくても，同じ講座を受講している人が集まり，どこかの会場で公開講座を視聴できるシステムもあったら良いと思います（佐賀県・女性）。
- 現在93歳の高齢ですが，生き甲斐の目的で勉強したいのです。目下，身体障害者の指導で，インターネットを利用してボランティアをしています（福岡県・男性）。
- あと2年あまりで会社を退職しますので，その後は農業をやりたいと思っています。そのために少しでも，農業の知識を取得したい（福岡県・男性）。
- ふるさとの佐賀大の講座ということで応募しました。今後，佐賀の地域学や習慣，方言等も取り上げていただけませんか（東京都・女性）。
- 全国初めての試みでもあり，講座と内容の充実，ITを活用した国際性豊かな異文化交流，情報交換等も含めてますますバージョンアップして欲しい（佐賀県・男性）。
- 経済的に余裕があれば10代から求めていた学問の道を極めたいのですが…。伊能忠敬は50代から学問の道に入り歴史的な業績を残している。私も何かを残したいのです。またそれを仕事に生かしたいのです。勿論，生活の中に…（兵庫県・男性）。

ネット講義生涯学習の効果

「人間社会とコミュニケーション」のネット講義に寄せられた質問などから次のようなことが示唆された。受講生からは，受講にかかわる不安などの感想も寄せられたが，多くは講義内容からさらに踏み込んだ質問が寄せられた。そのため一つの質問に答えるために1時間以上かけて資料を調べて回答する必要があった。生涯学習では，自分の専門や興味のある内容について受講する人々が多く質問や答えも高いレベルになる傾向があり，一般教養的な内容だけではなく専門的な知識に関する講義も需要があると思われる。

8 eラーニングへの期待

2003年10月，佐賀大学は佐賀医科大学と統合され，2つのキャンパスになった。2004年4月には，国立大学から国立大学法人佐賀大学になった。運営費交付金も毎年1%カットというような厳しい状況の中で，非常勤講師の雇用もままならない状況である。当然，リアルタイムな遠隔講義やVOD型ネット講義の重要性は増してきている。ネット講義は，姉妹校である大学との単位互換も行いやすいので，優れた講義や特徴ある講義のネット講義化を早く検討すべきであろう。

VOD型ネット講義を生涯学習に適用したら，その反応は大変大きかった。また，キャリアアップ学習や資格，資格の更新のための再教育をネット講義に求める声が多かった。世の中が変わるにつれ，制度や価値が変わる。ネット講義は，教師の再教育にも適している。また高大連携として，大学のネット講義を高校生にも配信し，高校の科目をネット講義化して，大学生の補習に役立てたい。

単位の取得できるVOD型ネット講義を大学の講義として実施して，解決しなければならないコンテンツ作成や運用上の問題は多々あるが，対面講義との共存を図れば十分に成り立つと思われる。ネット講義を本格的に運用するためには，利用しやすくて安価な学習管理システム，多数の優れたコンテンツ，安定した学生や教員へのサポート体制などが構築されなければならない。すべて

の科目が学習管理システム下で管理されると，講義に関する情報がそこに集約され，学生の履修進捗状況もわかり，学生の能力に応じたカリキュラムも可能になる。ブロードバンド時代の到来で，今後はどの大学もネット講義を開始することが予想され，学習管理システムやコンテンツの標準化に向けた徹底した討論がさらに必要となり，専門家集団以外の広い層にわたって広がりを見せて行くことであろう。

　最後に，ネット授業の運用組織について述べておきたい。「佐賀大学ネット講義の特徴」でも述べたように，これまでの佐賀大学ネット講義は，全学教育センター協議会（現教養教育運営機構）の下に全学教育ネット講義推進委員会をつくってネット授業を進めてきた。しかしながら，実態としては少数のボランティア教員の献身的な努力によって支えられ，単位化はしているものの研究の域を出ていないという状況にある。このような状況では，ネット授業を大学の新しい形態の教育方法として維持管理し，展開することは難しい。他の大学に先駆けて，ボトムアップ式の佐賀大学特有のネット授業を築いてきたものとしては，いち早く学長を中心にした全学的な取り組みでネット授業が展開できるようになることを願ってやまない次第である。

（穂屋下　茂・角　和博）

備　考

　本学のネット講座がここまで遂行できたのは，学内外の多くの方々のご協力の賜物である。とくに，ネット講義の立ち上げにおいては附属教育実践総合センターと全学教育センター（現教養教育運営機構）にご支援いただいた。学習管理システムの開発においては（株）佐賀電算センターの方々に，またネット講義コンテンツ制作および評価改善作業においては，佐賀大学教職員，制作スタッフおよび学生ボランティアの皆様に多大のご協力をいただいた。この場を借りて改めて感謝の意を表したい。

注

1. 政府官邸ウェブページ：http://www.kantei.go.jp/jp/it/network/dai3/3siryou43.html
2. 大学審議会「グローバル化時代に求められる高等教育の在り方について」（答申）：http://www.mext.go.jp/b_menu/shingi/12/daigaku/toushin/001101.htm
3. 渡辺健次ほか（2000）「ギガビットネットワークを用いた遠隔講義」『JCET2000』Vol. 2, pp. 661-664.
4. 佐賀大学全学教育センター（2002）『本学におけるIT教育の基本的構想と試行例』．
5. 若手教官による佐賀大学の将来ビジョン懇話会（2002）『若手教官の挑戦——どがん

なる佐賀大学』.
6 佐賀大学ネット講義実験サイト：http://net.pd.saga-u.ac.jp/net/
7 WebCT ウェブページ：http://webct.media.nagoya-u.ac.jp/
8 BlackBoard ウェブページ：http://www.blackboard.com/worldwide/jp/ja/ls.htm
9 NetWalkers ウェブページ：http://www.sdcns.co.jp/
10 佐賀大学ネット講義ウェブページ：http://netwalkers.pd.saga-u.ac.jp/
11 角和博，穂屋下茂，中村隆敏，中島亮一（2003）「佐賀大学のNet授業システム」『日本産業技術教育学九州支部論文集』第11巻，pp. 23-26.
12 SMIL：http://www.doraneko.org/misc/smil10/19980615/Overview.html
13 吉田文（2003）『アメリカ高等教育におけるeラーニング——日本への教訓』東京電機大学出版局，p. 54.
14 穂屋下茂，角和博，中村隆敏，中島亮一（2002）「アニメーションを活かした教育コンテンツ開発に関する研究」PCカンファレンス（全国大会）早稲田大学.
15 中島亮一，穂屋下茂，角和博（2003）「技術科教育における高次機能Web教材の分散開発に関する研究」『日本産業技術教育学九州支部論文集』第11巻，pp. 17-21.
16 JABEE ウェブページ：http://www.jabee.org/
17 佐賀大学ネット講義生涯学習ウェブページ：http://net.pd.saga-u.ac.jp/llstudy/

6 | 全学規模による大学院講義の インターネット配信——東北大学

東北大学 *Data*

2004年5月現在

概要・経緯

目　　　的	東北大学大学院におけるすべての研究科等の大学院生向けの講義をインターネット配信すること
準 備 期 間	約7カ月（2001年9月から2002年3月）
開 始 時 期	2002年4月から
公 開 規 模 視聴可能範囲	基本的に第1回の講義（オリエンテーション）は世界中に無料公開、それ以降は有料の登録制。なお、名物教授の特別講義を多数無料公開
公開科目数	約30科目（全357講義）（公開する期間は各教員の判断によるものであり変動する）
授業担当教員数	担当予定教員は東北大学大学院全教員（2589名）。現在実際にインターネット配信を開始している教員は約40名（1科目を複数名で担当しているものもある）
（これまでの科目数）	約30科目（全357講義）
（これまでの教員数）	約40名

学習の実際

授業の実際	各研究科，各教員で自由に選択できることを基本方針としているため統一的なものはないが，一般には以下のような流れで講義が進む。 まず，配付資料などがある場合には受講前にダウンロードしておく。講義は，黒板がわりのPowerPointを中心に，教員の講義の様子を動画映像で見ながら学習を進める。教員の動画映像に連動してPowerPointが切り替わる。講義の最後に小テストや電子メールによるレポートなどが課せられる。

システムの構成

【講義管理システム】

ハードウェア	Windowsマシン1台
ソフトウェア	Internet Navigware EE Live Option（富士通）

【動画配信システム】
ハードウェア　　　Windows マシン 2 台
ソフトウェア　　　Real System Server Pro.（Real Networks）

【リアルタイム講義配信システム】
ハードウェア　　　Windows マシン 1 台
ソフトウェア　　　Internet Navigware Live Option（富士通）

【オンデマンド講義作成システム】
ハードウェア　　　Windows ノート PC 10 台（各マシンに USB カメラ、ピンマイク付属）
ソフトウェア　　　Seminar Now! Create（デジタル・ナレッジ），MS Producer for PowerPoint 2002（マイクロソフト），Live Creator（レイル社），SMIL Editor（ドコモ・システムズ），Helix Producer（Real Networks），Internet Navigware 教材作成キット（富士通），等
その他、講義バックアップや講義データベース等の後方支援装置として UNIX マシンおよび Windows マシンが複数台

運　営

スタッフ総数　　　計 14 名（東北大学大学院教育情報学研究部内に「ISTU 支援室」を設置。東北大学大学院教育情報学研究部の全教官 11 名と外部非常勤スタッフ 3 名で運営）

教員数と役割　　　東北大学大学院教育情報学研究部の教官の内訳は、教授 4 名、助教授 4 名、助手 3 名。全教員が「ISTU 支援室」のスタッフとなり、コンテンツ作成のサポートや配信を行っている。なお、各教員の専門に関して、研究的支援も行っている。

技術・事務職員数と役割　技官なし、大学としての事務職員はいない。外部非常勤スタッフ 3 名が窓口業務やコンテンツ作成のサポートを行っている。

大学院生数と役割　東北大学大学院教育情報学教育部の大学院生（修士課程各年 12 名・博士課程各年 5 名）が随時、研修をかねてコンテンツ作成や配信のサポートを行っている。

民間企業と担当業務　（株）富士通：システムの導入およびカスタマイズ、サーバー管理を行っている。

組織体制
図 6.3（p.138）参照

評　価
いまだ評価にまでは至っていない。今後、教員や大学院生の研究の一環として実施する予定

1 はじめに

　東北大学は，東京大学・京都大学に次いで3番目の帝国大学として1907年（明治40年）に創立された。建学に際しては「研究第一主義」と「門戸開放」を標榜している。東北大学は，理科大学から出発したが，このときのコンセプトである「模倣よりも独創」という学風は現在までも全学に引き継がれている。その後，医科大学（医学部），工学部，さらに文系の学部が創設された。「研究第一主義」の精神は，多くの世界的な独創的研究を生み，優れた卒業生を多数輩出した。東北大学を訪れたアインシュタインは，帰国後，「仙台は学術研究に最も向いた都市であり，恐るべき競争相手は東北大学である（1922年）」，と述べたといわれている。

　東北大学インターネットスクール（Internet School of Tohoku University：以下，ISTU）は，2000年8月，東北大学主催により開催された「21世紀の研究と教育に関する国際シンポジウム ISRE2000」に端を発している。この国際シンポジウムは，8日間にわたり仙台で開催されたが，参加者は東北大学と国際交流協定を締結している世界の大学・研究機関の学長や研究者，東北大学関係者と市民等，総数約4200名であった（そのうち，1300名は海外からの参加者）。東北地方とはいえ気温30度を超える暑さの中，さまざまな国の人々がキャンパスに隣接する仙台国際センターに集い，21世紀の研究と教育について熱心な議論を行った。このシンポジウムを終えるにあたって，東北大学は「東北大学宣言」を表明した。これにより東北大学は，200を超える世界の協定大学を中心とした国際交流を，インターネットを利用した双方向遠隔授業によりさらに深めていくことを確認した。さらに，これらの経験を生涯学習等に拡大・発展させることにより，東北大学がもつ高い水準の知識や先端的な技術を広く社会に公開して行くという方向性が示されたのである。こうした状況を背景に，東北大学では2002年4月に東北大学インターネットスクール ISTU を開設した[1,2]。

　ISTU における最大の特徴は，全学規模で大学院の講義をウェブ上に配信するという点である。東北大学には，10の学部，15の大学院研究科ほか多数の

附置研究所やセンターがある。そこでは，平成15年5月現在，教員2589名，事務員2359名，学生数は学部10616名，大学院6634名が日夜研究・教育に励んでいる。また，外国人研究者の受け入れは1154名，教職員の海外派遣は2643名，そして外国人留学生の数は865名に及ぶ（12年度実績）。東北大学大学院全体で開設されている講義の数は約2000科目にも及び，その中の約1600科目は一般講義，約400科目は演習や実験となっている。つまり，たとえば一般講義のみをウェブ上に配信するとしても，一つの科目が15回の講義で構成されており，計約24000の講義がISTUで配信されることになる。この数は，これまでeラーニングの主な対象となってきた企業内教育とはおそらく比較にならない数であろう。そして，これらの数の講義をウェブ上に配信するためには，これまであまり議論されてこなかった課題の議論も重要になってくるだろう。

　本章では，ISTUの立ち上げに際して検討した課題，ISTUにおけるコンテンツ作成の実際などについて紹介しながら，eラーニング運営の今後についても検討していきたい。

2　ISTU立ち上げ時における課題

　ISTUは2002年4月に開設したが，その準備がスタートしたのは2001年9月，なんと7カ月間という短い期間に私たちは開設の準備をしなければならなかった。その短期間にわれわれが集中的に検討した課題は，主に以下の6項目であった。

誰を対象とするか？

　まず最初は，誰を対象とするかという課題である。われわれは，海外を含め大学院レベルの学生を対象にすることを大前提として議論を始めた。これは，ISTUの開設が国際シンポジウムの中で，東北大学がインターネットを活用して最先端の知識を世界中に公開するという目標をかかげたという背景に基づく。さらに，東北大学は2001年4月に大学院大学になり，研究中心大学としての使命が大きくなったという背景もある。さらに，学部レベルでの遠隔教育の試みはすでに放送大学が多くの実績を上げており，それとの差別化が必要という意見も多かった。したがって，結論としては，海外を含め大学院レベルの

学生を対象にすることに決めた。

　具体的には，海外，とくに東南アジアの研究者や研究者を志す学生，そして国内外の高度専門職業人に対する専門知識のブラッシュアップが想定された。さらに，高度な専門知識を求めている主婦や高齢者，そして障害者なども視野に入れた。さらに，高校生などからのいわゆる「天才」の発掘なども考慮に入れることとした。

　さて，このような考え方でスタートしたISTUであったが，開始後しばらくして一つの大きな議論がわき起こった。現在キャンパスに通ってきている既存の大学院生を対象とするか否かという議論である。当初は「ただでさえ大学に来ない学生が少なからずいるという現状でISTUを利用させるべきではない」という意見も多く出された。しかし結果的には，講義の復習や，やむを得ず欠席した学生への対応等を念頭に，実際に講義を行い配信する教員の判断にゆだねることになった。その結果，現在インターネット配信による講義を担当している多くの教員が，一般の大学院生が受講することも許可している。

どの配信システムを用いるか？

　準備期間が7カ月と少なかったため，4月の立ち上げ向けにまず既製の配信システムを使用し，その後に時間をかけて本格運用に向けた開発を行うことにした。本格運用版としては，WebCTやBlackboardなどが候補にあがったが，検討した結果，いくつかのシステムを組み合わせて使用することとした（4節参照）。

　WebCTやBlackboardなどの既製品を採用しなかった理由としては，カスタマイズが簡単にできないという点が挙げられる。われわれは後に紹介するようにISTUを研究支援する組織として大学院教育情報学研究部を同時に立ち上げた。ここではeラーニングに関するさまざまな研究開発を行うため，より容易にカスタマイズ可能なシステムが求められる。したがって，より柔軟にカスタマイズしたり実験ができるように，複数のシステムを組み合わせて使用することにした。

　配信システムは基本的に，2つに分けて設計されている。一つは誰もが自由に閲覧できる一般的なウェブサイトで，もう一つは正式に登録された学生のみ

http://www.istu.jp/

■ 図 6.1　ISTU のトップページ

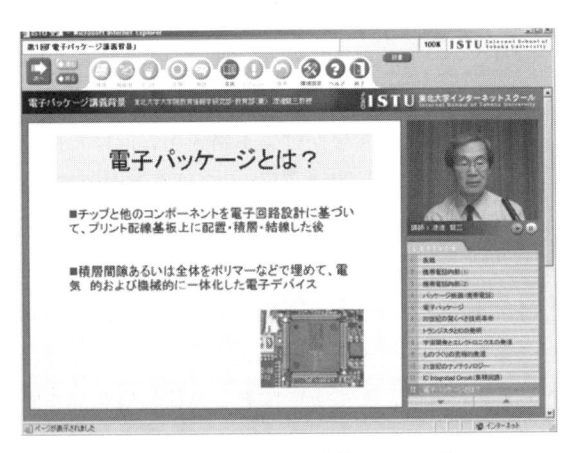

■ 図 6.2　ISTU の受講画面の一例

アクセス可能な有料の遠隔講義サイトである．ウェブサイトには，ISTU の概要の紹介，講義サンプル，遠隔講義サイトやネット開放講座へのリンクなどがある（図 6.1）．遠隔講義サイトでは，実際の講義の受講や資料の閲覧ができる（図 6.2）．

コンテンツに動画を入れるか否か？

　世界には優れたeラーニングの事例が多数あるが，その多くは文字と静止画を中心に実施されている．確かに，現在のインフラと海外への配信を考えると，文字と静止画により構成されたコンテンツの配信が無難である．コンテンツに動画を組み入れることは，一歩間違えば地域格差・情報格差を助長することにもなりかねない．

　しかし，われわれはあえてそのリスクを負って，動画配信することに決めた．その理由としては，今後ブロードバンドが急速に普及すると予想されること，予備実験により多少粗い画像でも講師の顔や表情が見えることで講義のリアリティが増すという結果を得たこと，そして何よりも東北大学全学規模のプロジェクトにおいて最先端の技術にチャレンジしたかったことが挙げられる．

　動画は主に講師の顔を中心に撮影しているが，その表情や動きが伝わる程度に容量を抑えつつ，音声は可能な限りクリアにした．結果的に動画を採用したことにより，教員の表情や教室の雰囲気などテキストになりにくい情報も伝わり，ISTUは「リアリティのある講義」になったと考えている．

リアルタイム配信にするか，オンデマンド配信にするか？

　それほど深刻な課題ではなかったものの，配信をリアルタイムに行うか，オンデマンド方式にするかということも議論になった．結果的には，その両方とも行うこととした．理由としては，ISTUは東北大学の文系，理工系，医学系全15研究科，研究所やセンター等を対象に開設された正規の大学院教育の場であり，あらゆる分野・専門領域の教育をサポートする仕組みを提供する必要があり，可能なものはすべての選択肢を準備するという基本方針をもったからである．

　リアルタイム配信の一つのかたちとしては，講義室での対面講義とインターネット経由の遠隔講義を同時に実施する．講師は講義配信サーバーに接続されたコンピュータ上でPowerPointなどのソフトを動かし，プロジェクタ等で講義資料を映しながら講義をする．その様子が，遠隔地の受講生に向けて配信される．遠隔地にいる受講生も，自分のコンピュータからリアルタイムに講師に

質問したり講師の質問に答えることができる。このリアルタイム配信では，講義の行われる時間帯に受講生がコンピュータの前にいる必要があるため，時間を自由に使えるが遠隔地にいて大学に通えない人，たとえば高齢者や障害者などに適している。また，講師は1回の講義で，リアルな学生に対しても，インターネットによる受講生にも対応することができるので効率的でもある。

オンデマンド配信では，あらかじめ収録して講義配信用サーバーに蓄積してある講義を，受講生が都合のよい時間に好きな場所で受講できる。昼間仕事で忙しい社会人が主な受講生と考えられるが，時差のためにリアルタイムでの受講が難しい外国人，昼間は子育てに忙しい主婦などにも適している。オンデマンド配信では，疑問があってもすぐには質問できないなどのデメリットもあるものの，電子メールや電子掲示板システムなどのコミュニケーション・ツールを使用することにより，インタラクティブ性を補うことが可能である。

ISTUでは，科目・講義の内容，受講生に合わせて講師がリアルタイム配信とオンデマンド配信とを組み合わせて利用できるようにした。

インターネット講義のみで単位や学位を与えるか？

一つの重要な課題は，インターネット講義のみで単位や学位を与えるかということであった。この課題に関しては，最初からインターネット講義のみで単位や学位を与えることを前提に議論が進んだ。そして最終的に，この判断は各研究科あるいは各教員にゆだねることとした。つまり，インターネット講義のみで単位や学位をとれるか否かは，各研究科あるいは各教員が決定する。ちなみに，ISTUで学ぶ学生の所属は各研究科であり，履修届けなどの事務的な作業も将来的には各研究科がそれぞれ行うことになるが，当面の間はISTUが行うこととした。

具体的に単位の授与がどのようにして行われるかはさまざまなケースが想定されるが，たとえば一つの例として以下のようなことが考えられる。基本的には，受講（受信）状況，小テスト，試験，レポート，ディスカッションなどが考えられる。すでにオンライン教育で一般的になっているように，いくつかの選択肢から正しい答えを選んで回答するような小テスト，イエスとノーの二者択一の小テストなどは，すぐにでも実施することができる。電子メールを使っ

た学生同士のディスカッションの様子を教官が評価して採点するというようなことも欧米ではすでに一般的に行われている。

　しかし，このような場合に問題点として取り上げられるのは，はたしてその学生が本人かということであろう。ある意味で，インターネットを活用した教育にとって根本的な問題であり，解決することが非常に困難な問題でもある。この問題を解決するため，スクーリングというかたちでセメスタの最後にはキャンパスに来てもらって試験を実施するという方法がある。しかし，この解決方法はある意味「本末転倒」といえるかもしれない。結局，インターネットを活用した教育によって，これまでの「評価」という概念自体が大きく変わっていかなければならないのかもしれない。また，教育のあり方も変わっていくだろう。つまり，「不正な手段で単位を取得する」ということが，何の意味もないような教育に変わっていくかもしれない。逆説的ではあるが，インターネットスクールがそのような教育システム，そしてそのシステムを受け入れるような社会を作っていくための原動力になるべきなのである。

セキュリティは大丈夫か？　著作権はクリア可能か？

　インターネットを活用した講義の配信において避けては通れない課題として，セキュリティの問題と著作権の問題がある。セキュリティの問題としては，電子データのやりとりに伴うウィルスの混入や講義配信システムへの不正アクセスなどが想定される。現在，ファイル・スキャンによるウィルス・チェック，認証機構やファイアウォールの設置，回線の暗号化など，現在対応可能なセキュリティ技術を最大限利用することを基本とした。しかし，あまりにも厳しいセキュリティの導入によって利便性を損なうこともあり，またセキュリティの導入のための金銭的な問題とも絡んでくる。さらに，セキュリティ技術とウィルスや不正アクセス技術などはいたちごっこの繰り返しであることも周知のとおりである。

　結局は恒常的なセキュリティ確認を徹底するとともに，学内情報ネットワークを運営する情報シナジーセンターと協力しつつ，そのときに必要十分なセキュリティ技術を検討し対策を講じることとした。

　また，講義を配信する際の著作権の問題も慎重に議論しなければならない課

題の一つである。講義を行う教員自身が他の人の著作権を侵害する可能性があると同時に，配信したコンテンツ内の知的所有権が侵害される危険性もある。もちろんこれらの行為は法的に禁止されている事項ではあるが，安易な気持ちから，あるいは意図せずに著作権侵害を犯してしまう可能性もある。

このような課題に対してはISTUのみで解決できるものではなく，今後，他大学や他の機関と連携・協力していくことによって解決していきたいと考えている。

3 「大学院教育情報学研究部・教育部」の同時開設

ISTUの立ち上げと同時に東北大学は，インターネットスクールをより効果的に実施するための研究を行い，管理・運営を全面的にサポートするために「教育情報学研究部　Graduate School of educational informatics／Research Division」を設置した（図6.3）。教育情報学研究部には5つの分野が設けられており（そのうち一つは客員分野），各分野に教授，助教授のポストをもち，その他，研究部の助手が3名，支援員が3名おり，全体で16名の組織となっている。教育情報学研究部の特徴の一つとして，スタッフの専門が情報工学系にとどまらず教育学や心理学にまで及んでいるということが挙げられる。

具体的には，次の5つの分野からなる。

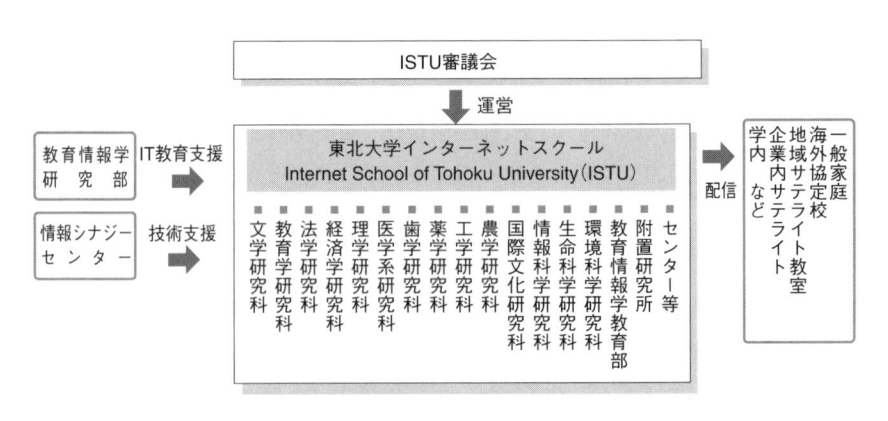

図 6.3　ISTUの組織図

① IT教育システム原論

大学においてIT教育をどのように運用していくのかに関する基礎的な事柄を研究する。第1に，カリキュラムの立て方，授業の進め方，スクーリングの仕方，評価の仕方，などに関して研究する。第2に，IT教育の情報工学的な基礎について研究する。

② IT認知科学

IT教育において，学習者と教授者はどのような心理過程をたどるのか，そこにはどのようなコミュニケーションが成立しているのか，またその学習過程はどのようなメカニズムで展開されるのかなど，ITを用いた教育の教授＝学習過程についての研究成果をふまえ，IT教育を実際にどのようにデザインしていくかについての知識や技術を研究する。

③ IT教育アーキテクチャー

IT教育に関して，教育工学の観点から研究を行う。具体的には，オーサリング・ソフトウェア，インタフェース設計，遠隔討論支援ツール，コンピュータ・ネットワーク，プログラム言語，オンデマンド型IT教育，リアルタイム型IT教育等について研究するとともに，IT教育で用いるコンピュータ・ネットワークの運用やコンテンツ作成の技術を高める。

④ 大学教育開放論

大学と社会との関係について比較制度論的分析を行うとともに，大学を起点としたIT教育のネットワーク形成に関して研究を行う。あわせて，英才や障害者など，いわゆる「特別支援教育（スペシャル・ニーズ・エデュケーション）」の必要な人たちに対するITを用いた教育の目的，内容，方法等について研究する。

⑤ 比較IT教育論（客員部門）

「比較IT教育論」研究分野は，ITを用いた産学連携，IT教育のグローバル化の進展に伴う国際競争力の問題，ITへのアクセス環境の格差によって生じる「デジタル・デバイド」の問題などを，とくにわが国と諸外国との比較を通して研究する。

また，教育情報学研究部と並び，修士課程各年12名，博士課程各年5名の計39名定員をもつ「教育情報学教育部　Graduate School of Educational

Informatics/Education Division」をあわせもつ．教育情報学教育部では，東北大学インターネットスクールを実習の場としITを活用した教育に関する専門家を養成するという目的をもつ．

　教育情報学教育部には「IT教育デザイン論」，「IT教育ネットワーク論」の2分野が置かれ，研究教育には教育情報学研究部のスタッフが中心になって当たる．学生は，情報工学の知識はもちろんのこと，教育学や心理学を含む総合的なIT教育に関する専門を身につけることができる．

　また教育情報学教育部は，教育現場（学校，教育産業など）においてコンピュータやインターネットなどの情報技術を駆使しながら，「教育」そのものをより効果的に実施していく能力の獲得を目的としている．単にITのテクニック習得にはしることなく，情報社会における「教育」のあり方を深く検討することにより，21世紀の教育を導くリーダーとしての資質を身につけることを最大の目標とする．

　修士課程ではIT教育に関する基本的な知識，技術を広く習得する．その中で，IT教育における自分の得意な分野を見つけ出し，研究的な視点も明らかにしていく．博士課程では，修士課程で見つけ出した研究的視点をさらに発展させることにより，教育現場（学校，教育産業など）や社会に対し積極的に新しい提案を行っていく．

　教育情報学は，新しい研究領域である．過去の常識や慣例にこだわることなく，新しい発想を自分自身で積極的に提案できる学生が望まれる．また，この分野は文系，理系ともにかかわる複合領域であり，両分野にまたがる柔軟な思考能力が要求される．さらに博士課程では，総合的な思考力とともに，一つの研究的視点を深く追求していく「こだわり」も大切になる．

　就職先は，修士課程，博士課程ともに，IT教育関連分野の大学・短大教官，IT教育関連の研究機関，IT関連分野の専門学校講師，IT教育関連の行政機関，IT教育関連の教育機関，情報教育担当教諭（小中高等学校あるいは幼児教育），教育産業，IT教育産業，IT教育関連ベンチャー，広告代理店などである．

4 ISTUにおけるコンテンツ作成の実際

　ここでは，ISTUのオンデマンド講義の作成と，講義・成績管理などの実際について紹介する。

オンデマンド講義の作成

　インターネットを介して講義を受信するためには，特別なソフトウェアを必要とせず，一般的なウェブサイトを閲覧するような操作性が求められる（実際のISTU講義閲覧には専用のプラグイン（追加ソフトウェア）のインストールが必要なものもあるが，それはほぼ自動的に行われる）。高い操作性を実現し，オフライン講義（従来の対面講義）と同等あるいはそれ以上の教育効果を求めるには，オフライン講義で当然と考えられている事象をオンライン受講においても実現する必要がある。たとえば，講師の発言（聴覚情報）と板書（あるいはPowerPointやOHP等の視覚情報）の内容を時間的に同期させる必要である。

　ISTUの設備をフル活用すれば，テレビ用教育番組や教育用ビデオソフトと同等のコンテンツを作成することが可能である。たとえば，講師の発言と黒板等の映像を編集によって一つの動画としてまとめ，単一のコンテンツとしてインターネットで配信すれば良いことになる。しかしながら，ISTUではあくまでこれを選択肢の一つとしてのみ位置づけている。なぜなら，一般に映像素材の編集には多大な労力を要する。すべての講義を上記の手法で作成することを考えると，莫大な手間と時間を必要とし，スタッフのみならず講師への負担が大きくなるからである。確かに，見た目の完成度が高いコンテンツに対する需要も否定できない。しかし数万にも及ぶ講義を作成していく上で，種々の負担を可能な限り軽減させることが最重要であると，ISTUの支援を行っていく上での総意とした。その総意のもと，より簡便な手法を模索し，他の選択肢として提供している。具体的には，各講師が特別な設備を用いずに研究室でオンライン講義を作成できるような手法である。幸い，近年の教材オーサリング・ツール（ここでは，講義作成用ソフトウェアとほぼ同義）はそれを実現するに十

表6.1 主な講義作成用ソフトウェア

	リアルタイム収録機能	PPTファイル変換機能	独自アニメーション機能
Live Creator（レイル）	×	手動	○
SMIL Editor（ドコモ・システムズ）	×	手動	×
MS Producer for PowerPoint	○	自動	×
Seminar Now!（デジタル・ナレッジ）	○	自動	○

分な機能を有している。

　教材オーサリング・ツールは4社の製品を採用した。現在選択肢としているものを表6.1に示す。すべてに共通して，PowerPoint（以下，PPT）で作成されたスライドと講義の動画像を一つの画面（ウィンドウ）上に構成し，なおかつ両者が時間的に同期したコンテンツを作成することができる。共通しない面については，それぞれに特徴があり，最も優れたツールを挙げることは困難である。また，実際に講義を作成するのは各講師であり，各講師がどのような講義を作りたいのかというニーズによっても，選択が変化すると考えられる。そこで，ISTUでは，特定のツールに限定せず，講師に選択してもらうか，講師のニーズを聴取した上で，スタッフが選択し提案することにした。

　たとえばデジタル・ナレッジ社のSeminar Now!は，講師があらかじめPPTファイルを作成し，PCに接続したビデオカメラに向かって講義すると同時にPPTの提示を行う。その操作の結果，PPTと講義動画が同期した電子化講義が作成できる。具体的には，PPTと講義動画を同期させるためのHTMLやJavaScript等が作成される。操作に慣れれば，PPT上で動く指示棒（指マーク）や直線，自由線等，いわゆる「独自アニメーション機能」により動的な資料提示が可能となる。また操作に慣れることによって，90分の講義を撮影するために10分程度の準備で済む（PPTファイル作成に要する時間は含まない）。現在では，講義撮影の準備に平均で30分程度要しているようである。また講師のニーズに応じて，オフラインでの講義（教室で行う講義）をビデオカメラで撮影し，後日講師からPPTファイルの提供を受け，両者を組み合わせてオンライン講義化させることも可能である（図6.4）。

　実際にオンライン講義を配信できる状態にするためには，講義の撮影を行え

図 **6.4** ISTU スタジオでの講義収録風景

ば完了ではなく，動画像のエンコードが必要となる。すなわち，教材オーサリング・ツールで作成された動画像はそのままではデータ量が莫大であり，現在のインターネットの速度では，配信することが実質不可能と言ってよい（もちろんデータ量と画質はほぼ比例関係にあるので，高画質であることは否定できない）。そのため，現在のインターネット環境（ISTUでは64 KB/秒以上，理想的にはADSL等による1 MB/秒以上を受講環境として推奨している）においてストレスなく講義を受信できるデータ量に圧縮・エンコードを行う。具体的には，RealNetworks社のHelixProducerを使用している。90分の動画像の圧縮・エンコードに，約90分（つまり，動画像の長さと同じ）要する。この圧縮・エンコードに要する時間は，今後ハードウェアおよびソフトウェアの高速化によって，短縮できる期待を有している。

動画像の圧縮・エンコードが完了すると，配信サーバーへのアップロードと，講義管理システムへの講義の登録作業を行う。

講義の管理等

ISTUでは，講義配信・受講管理システムのベースとして富士通社のInternet Navigwareを採用している。しかしながら，同システムもまた企業内教育向けに開発されたものである。上記のような膨大な数のコンテンツと受講者を取り扱うために，ISTUでは同システムのカスタマイズを行ってきた。

カスタマイズの大きなポイントは，「研究科―科目―講義」という階層構造を導入した点にある。ISTUで扱う各コンテンツは「講義」であり，講義の集

■ 図 6.5　全学規模による大学院講義のインターネット配信を支えるサーバー群

合体が「科目」である。そして科目はいずれかの「研究科」に属することとなる。受講者もまた，いずれかの研究科に属している。

　従来の（対面式）の授業選択に沿って考えれば，至極当然のことである。科目履修の最初の数週間は，受講者にとって所属する研究科の科目のほとんどが選択対象となっている。初回の講義でガイダンスを受け，次第に履修科目の選択が終了すると，他の科目はその受講者にとって全く関係のないものとなる。これをオンラインで実現させるためのカスタマイズと，運用上の工夫も行った。すなわち，履修期間の初期では，所属する研究科の科目のほとんどを受講科目の選択肢として提示し，ひととおり受講科目の選択が終了したら，受講しない科目はその受講者にとって不要な情報であるため，これもまた受講の選択肢として提示させない。受講科目に関しては，15回の講義のうち，どこまでを受講したかをISTU側が管理し，必要に応じて受講者や講師に情報として提供できる。このように文章で表現することは至ってたやすい。しかしながら，これをシステムの機能として組み込むことはまた別である。実際ISTUのカスタマイズにおいても，必ずしも理想的な状態であるとは言い難く，今後も改善の余地が残されている。さらに，近年の大学における受講のシステムは，より複雑である。たとえば受講者の所属でない研究科の科目が修了単位として認定される「他研究科履修」や，ある特定の科目やある特定の講義に限定して聴講する「科目等履修生」や「リカレント教育」の制度など，これらの新しい制度にも

対応させる必要が生じている。ユーザーにとって無駄に情報や選択肢が多い状況は，混乱や誤りの要因となるが，情報や選択肢が不足した状況は許されない。多様な受講形態に対応させるために，今後もシステムの見直しが重要となっている。

具体的なコンテンツ管理・ユーザー管理について，以下に述べる。

ISTUにおける「ユーザー」とは，受講者だけでなく講師等も含まれる。ユーザー全体をいくつかの属性に分けて，それぞれの属性に対して行える操作等が設定されている。たとえば「教官」は講義コンテンツのアップロード，受講者の登録等を行う権限を有しているが，他の教官の講義コンテンツを閲覧する権限はない。また「受講者」は講義コンテンツのアップロード等の権限はないが，各自が受講申請した講義を，複数の教官にわたって閲覧する権限を有している。ユーザーの登録は，各研究科の教務係から提供される学籍番号等の情報を使用して行う。この際，あらかじめテキストファイルが作成されていれば，登録は一括処理で行えて効率的である。登録されたユーザーにはユーザーIDとパスワードが与えられ，任意の場所からISTUにアクセスできる。

各科目には固有の「科目コード」がある。これもまた，各研究科の教務係から提供される。科目コードに講義回数を付与した番号を「講義コード」として，各コンテンツはこの講義コードで管理されている。ユーザーID，科目コード，講義コードはそれぞれユニークな番号であり，15研究科間でも重複がない。そのため，それぞれの番号が幾分冗長である点は否めない。冗長であることは，入力ミスの原因を多分に有していることでもあり，科目・講義の登録は慎重に行わざるを得ない。この点は今後の改善課題であろう。

科目および講義の登録（約20分）と講義コンテンツのアップロード（約90分）が完了した後に，受講者のユーザーIDを講義に対して登録する。このようにして，ユーザーに受講許可が与えられ，受講が可能になる（図6.6）。受講者属性のユーザーには，上記の科目コードや講義コードは一切提示されず，具体的な科目名称で提示される。すなわち，科目コードや講義コードが重複しなければ，同一研究科内に同一科目名の授業を開設することが可能となる。

これまでの一連の作業の流れを図6.7に示す。撮影準備から受講生が講義を受信できる状態になるまで，現在のところ約5時間20分程度かかっている。

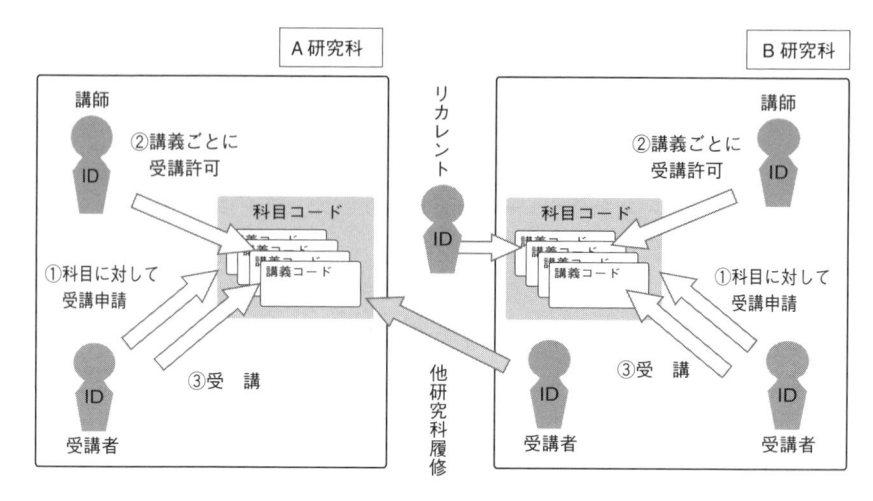

■ 図 6.6　科目コード，講義コード，ユーザー ID による講義管理の模式図

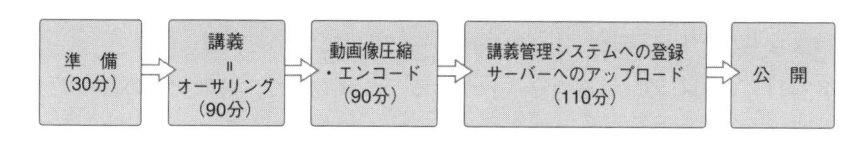

■ 図 6.7　ISTU における講義コンテンツ公開までの流れ

このような莫大な時間を要する背景には，先述したハードウェアおよびソフトウェアの処理速度だけでなく，サーバーへアップロードする際に要求されるネットワークの速度や，技術スタッフの習熟度等が要因となっている。とくに講義登録等に使用されているインタフェースに，いまだ改善の余地を残したままである。

5　ISTU の現状

　ISTU と大学院教育情報学研究部・教育部が開設されてから 2 年が過ぎた。最初の 1 年は，組織運営の基礎的な作業やインターネット配信のためのプラットフォーム作りで，瞬く間に月日が流れた。また，全学における ISTU に対す

る理解も浸透していたとはいえず,「ISTUは一つの部局であり,自分とは全く関係のないこと」と誤解している教員がほとんどであった。さらに,自分の講義をウェブ上に配信することに対しては大きな抵抗をもっている教員が多く,われわれスタッフの活動も空回りすることが多かった。つまり,各研究科の講義をウェブ上に配信するために協力しようとしても,門前払いを食らうことがしばしばだった。

　しかし2年目に入り,工学研究科や教育学研究科が積極的に講義コンテンツの作成を開始した。さらに,ウェブ・マガジン「カルチュラル・カフェ」を年4回発行するなどの広報活動などを通して徐々にその存在が認められるようになった。最近では,中期計画の中に「講義のインターネット配信」を加える研究科も多くなってきている。

　2004年4月現在,工学研究科や教育学研究科を中心にし,特別講義も含んで全学で約30科目,全357講義が配信されている。これらの講義への受講者数は延べで1193名にのぼる。その内訳を見ると,工学研究科843名,教育情報学教育部275名,理学研究科72名,医学研究科3名であり,工学研究科に集中している。ただ,1科目=15講義がすべてそろっている科目は少数であり,15講義のうちの数講義のデジタル・コンテンツ化が完成した時点で,実際の講義に活用しているのが現状である。以下,東北大学の中では最大規模の大学院工学研究科を例にとり,その現状を紹介しよう。

　大学院工学研究科では,現在のところ17科目・148講義がISTUで受講できる。ISTUで受講可能な領域としては,現在最も注目されている先端工学技術である「ナノテクノロジー分野」,研究分野を横断した学際プログラムである「電子パッケージ分野」,そして高度専門職業人支援プログラムを中心とした「環境とエネルギー管理分野」などが中心となっている。

　具体的な取り組みとしては,工学研究科教務委員会にISTU準備ワーキンググループを設置し,そこで工学研究科に関するISTUの講義科目,プログラムの設計などを行っている。

　各分野に関して,もう少し詳しく紹介する[3]。
　① ナノテクノロジー分野
　10科目について,ISTUによる講義をそれぞれ専門の教員が行う。講義内容

は情報通信，科学材料，医学培養，その他基礎的な計測や計算機を使った分子レベルの設計等である。現在開講されている科目としては，「ナノバイオテクノロジーと抗体分子」，「バイオミメティックケミストリー」，「バイオ触媒酵素」，「マイクロバイオセンサ（概論）」，「計算機分子設計学の意義と基礎」などがある。

② 電子パッケージ分野

電子パッケージ分野では，ISTU受講のみで修士号が取得できるという全学的にみて最も進んだ取り組みを開始している。これまで，LSIの高性能化・高集積化を支えてきたのは，半導体素子の微細化であった。最近では，素子寸法が100 nmを切る極微細トランジスタを1億個以上も搭載したLSIが量産されている。しかし素子寸法が30 nmを切る領域では，LSIへの異種材料，異種技術導入が必要になってくる。そこで重要になってくるのが，パッケージ技術である。LSI技術とパッケージ・実装技術の融合は避けられない技術の流れであり，パッケージはLSIチップを収納する単なる"容器"から，新しい機能や付加価値を生み出すための基盤へとその役割が変わりつつある。

ISTUでは，このような将来の大きな可能性をもった電子システム・パッケージについて，材料技術，放電技術，電極技術，集積回路技術，マイクロマシン技術，システム設計技術の点から，最新の技術動向を盛り込みながらわかりやすく講義している。

③ エネルギーと環境管理分野

エネルギーと環境管理というものは，多くの人々の関心事である「環境」の問題を扱った非常に幅の広いものである。身近なものでは，部屋の環境や建築物周囲の環境などが挙げられる。また都市レベルで考えた場合，都市が暑くなるヒートアイランドや，エネルギー（石油・天然ガス）を多く燃やすことで起こる地球温暖化など，さまざまな事柄を扱う。快適な生活環境を維持しながら環境問題をこれ以上悪くしないようにすることは，非常に重要な問題となってきており，さまざまな課題を残している。エネルギーと環境管理分野では，「身近な部屋レベルの取り組み」から「地球環境問題を抑える技術的な課題」まで，幅広い観点からの問題を取り上げてISTUの講義として配信する。

6　おわりに

　ISTUは，総合大学が全研究科規模で実施するという特徴をもつ。また，その研究支援組織として教育情報学研究部・教育部という大学院を併設しているという点も大きな特徴である。これらの特徴はさまざまなメリットをもつ反面，同時に大きな課題も抱えている。まずわれわれが最初に直面した最大の課題は，全学2589名の教員の理解と協力が得られるのかという点であった。さまざまな広報活動などにより，当初「ISTUは一つの部局であり，自分とは全く関係のないこと」と誤解していた教員にも最近ではようやく正しく理解してもらえるようになってきた。しかし，いまだ完全に正しく理解していただき協力が得られる体制は整っていない。また，「講義コンテンツを作成するのが面倒」という教員に対しても，より簡便なコンテンツ作成システムを提供できているとは言いがたい。これらは，今後の大きな課題である。さらに，全学規模でインターネット配信を実施してゆくためには，多くの人材と資金が必要であることは言うまでもない。現在は大学院教育情報学研究部が全面的に運営支援を行っているが，できるだけ早急にISTUの運営を専門に行う組織の開設が望まれる。また資金的にも，これまでは一時的な研究費によって運営を行ってきたが，何らかの恒常的な予算措置が必要不可欠である。大学院教育情報学研究部の教員が，本来の仕事である「eラーニングをより効果的に行うための研究開発」に専念できるような体制にならなければ，ISTUにとっても大きな躍進は期待できない。まだまだ課題は山積みである。

　最後に，私がISTUにかかわる中で興味深く感じてきたことを紹介して，本章を終えたいと思う。私が他の教員にISTUの説明をすると，10名のうち7名は，「インターネットで本当に効果的な学習が可能なの？」とたずねてきた。私がおきまりのeラーニングのメリットを並べ立てると，おもむろに皆こう言うのである。

　「でもやっぱり，顔と顔をつきあわせての講義の方がずっと効果があると思うよ」

正直なところ，私自身，最初は「リアルの方が良いに決まっている」と考えていた。教室という場の雰囲気，先生の生の声，周りの同僚たちのささやき，そしてしばしば起こる予想外のハプニング。「その雰囲気の中にわが身をおいてこそ本当の学びは成立する」と信じていたのである。

　リアルの方が良いに決まっている。しかし，さまざまな事情で教室にはこれない人たちが実際には存在する。昼間忙しく働いているビジネスマン，子育てに忙しいお母さん，都会へは気軽に通えない地域に住んでいる多くの人々，そして高齢者や障害者。彼らは，本当は教室で講義を受けたいはずだ。しかし，それぞれの事情があり，どうしてもそれが不可能。そのような人だからこそ，コンピュータとインターネットという便利な「道具」を使って学習の機会をもつ。リアルの講義よりは効果が落ちるかもしれないけれど，全く受講できないよりはずっとましだ。ITという文明の利器が利用可能になったその恩恵として，彼らは学習のチャンスを得ることができるようになったのである。最初，私はこのように考えていた。

　しかし最近，私は，このような考え方が100％の正解ではないのかもしれないと思い始めている。つまり，eラーニングが普及しインターネットを利用して学ぶことが当たり前のこととなったとき，教育や「学び」のスタイルだけでなく，教育や「学び」の意味自体が変化してくるのではないかと考えるようになった。たとえば，「学校」という場の存在意義が変わってくるだろう。また，「教師」の役割も大きく変わってくるに違いない。勉強というものが単なる「知識の詰め込み」ではなくなってくる。「カンニングはいけないこと」という常識すら通用しなくなるだろう。現在批判されているような「詰め込み教育」や「知識偏重教育」は，何の意味さえもたなくなるかもしれない。

　詳しい考察は別の機会に譲るが，eラーニングの普及によって「学び」のスタイルやメカニズムが根底から変化してくる可能性がある。まさに今，「学び」のパラダイム・シフトが起きようとしているのである。

（渡部信一・為川雄二）

備　考

　本章では主に，4節の「ISTUにおけるコンテンツ作成の実際」を為川が，それ以外を渡部が中心になって執筆した。
　また，本章の記述は，2004年5月時点のものである。その後，国立大学法人化に伴い，本章の内容の一部が変わっていることをご承知願いたい。
　原稿をチェックしていただいた東北大学大学院教育情報学研究部長の荻原敏朗教授および同研究部の熊井正之助教授に感謝いたします。

■注■

1　東北大学インターネットスクール：http://www.istu.jp/
2　渡部信一，熊井正之，三石大（2003）「東北大学インターネットスクール立ち上げの試み」『教育システム情報学会誌』Vol. 20, pp. 214-218.
3　ISTU Cultural Café（ISTU Webマガジン）Vol. 2：http://www.istu.jp/cafe/vol2/index.html

第III部

先進地アメリカからの示唆

7 eラーニングを支えるテクノロジー

1 はじめに

　eラーニングの実現にはさまざまなテクノロジーが関与している。その基底に目を向けるならば，コンピュータやOS，インターネットといった技術も当然eラーニングを支えるテクノロジーである。しかし本章では，それらITにおける一般的なテクノロジーではなく，LMS（Learning Management System,学習管理システム）などと呼ばれる，eラーニングの基盤システムを中心的に扱おう。これはeラーニングにとってLMSなどテクノロジーがより重要というわけだからではない。コンピュータの処理速度の向上や安価なブロードバンド通信環境の普及などは，確実にeラーニングの形態を変容させてきたし，今後も大きく変容させていくだろう。しかしそれらのテクノロジーについては一般的であるがゆえに，eラーニング実践にとっては所与の条件となりがちである。それに対し，どのような基盤システムを利用するのかは，eラーニング実践の設計上のより直接的な課題となるはずだからだ。

　本章ではまず2節でeラーニングの基盤システムとしてどのようなものが存在しているのか，また大学ではどのようなシステムが用いられているのかを紹介する。次に，eラーニングの基盤システムを指し示すLMSという概念について解説する。さらにその概念の混乱について若干の整理を行いたい。続く4節ではeラーニングのテクノロジーの標準化に関して説明する。ここでは，標準化によって可能になるコンテンツ流通が高等教育にもつ意味についても検討しておきたい。5節では昨今eラーニング・サイトにかかわらず，あらゆるウェブサイト運用の場面で注目されているCMS（Contents Management System,

コンテンツ管理システム）について紹介したい。CMSの進展はeラーニング・サイト運用にとっても大きな意味をもつように思われる。最後に6節では，大学におけるeラーニングのテクノロジーの向かうべき方向性の一例として，アメリカの事例を紹介したい。

2 どんなシステムがあり，利用されているのか

企業教育で利用されるシステム

eラーニングという用語が企業内教育の分野で最も流通している用語であることは確かである。eラーニングに関する国内最大の展示会「e-Learning World 2002」の出展企業等に対してALICが行った調査の結果[1]を見ても，eラーニング・システム開発会社の多くが注力しているのが企業内教育の分野であることがわかる。むろん，初等中等教育分野でも，eラーニングという用語は流通してはいないものの，コンピュータやインターネットの活用自体は昔から続けられていることには注意が必要であるが，通常，eラーニングというキーワード周辺のシステムの多くは，企業内教育を想定して設計・開発・販売されていると考えてよい。

こうしたシステムの一例として，IBMが開発販売を行っているLotus Learning Management Systemを取り上げ，その内容を見てみよう。Lotus LearningSpaceとして知られていたシステムの発展版となるこのシステムは，①コースやユーザーの情報を管理する教育管理サーバー，②オーサリング・ツール，③実際に教材を配信するデリバリー・サーバー，④オフラインでも学生が学習できるクライアント用ソフトウェアの4つによって構成されている。実際の運用で，教材やユーザーの情報を蓄積するためには，これらと連携して動作するデータベース・サーバーが必要になる。オーサリング・ツールを利用すると，SCORM（4節にて説明）等に準拠した教材が作成できる。別途システムを導入することでチャットや掲示板でのディスカッションも実施できる。これらの機能を見る限りでは，少しの変更で遠隔高等教育機関でも十分利用が可能であると考えられる。

大学（学校一般）向けシステム

大学や学校一般での利用を主たる利用状況として開発されている基盤システムもいくつかある。WebCT，BlackBoard，.Campus（ドットキャンパス）などがそうである。とくにWebCTはカナダのブリティッシュ・コロンビア大学で開発され，多くの高等教育機関で利用されるなかで機能を拡張してきた経緯があり，大学での利用との親和性が高いといえる。日本での利用も多く，ユーザー会が設置され，カンファレンスも開催され情報交換が行われている。WebCTはコース管理システム（Course Management System）と呼ばれているように，高等教育機関におけるコース（たとえば10数回の授業で構成されるような1科目）の支援を主たる目的としており，オンラインのコース配信だけでなく，教室内の講義支援的機能も備えている。

フリーやオープンソースのシステム

この数年，オープンソースとして開発されたり，無償で公開されたりしている基盤システムも目立つようになってきた。このようなシステムの例として，海外のものではmoodle，CourseWork（Stanford）などがある。moodleはすでに日本の大学で利用されている事例がある。また国内では，東京大学情報基盤センターが日本ユニシス・ソフトウェア（株）と協力してCFIVE（シーファイブ）を公開している。このほか，SATT社の公開しているAttain2は，Macromedia Flashを利用するものであるため，HTMLベースのシステムに比べ高い操作性をもつことが特徴的である。SCORMにも対応している。

また，筆者らもexCampusというシステムを開発し公開している。exCampusは東京大学大学院情報学環・学際情報学府のeラーニング・サイトiii online[2]の基盤システムとしてメディア教育開発センターが開発した基盤システムである。ただしexCampusは，iii onlineの実践に見られるように，教室で行われている大学授業のビデオを基本のコンテンツに据え，またそのビデオを学生だけでなく一般に公開できるようなサイトの構築を念頭にして設計されたシステムであるため，ウェブベースのコースウェア管理機能やテスト機能などをもたず，他の基盤システムとは趣が異なる。

実際に大学ではどんなシステムが利用されているのか

ここまで見てきたように，eラーニングの基盤システムとして，さまざまなシステムが存在している。では，実際に大学ではどのようなシステムがどの程度利用されているのだろうか。その現状を知るための一つのデータとして，2003年冬にNIMEが行った調査「eラーニングに関する実態調査」[3]の結果がある。この調査はNIMEが2002年度に実施した「高等教育機関におけるマルチメディア利用実態調査」において，インターネット授業を「行っている」，「行うことを計画している」と回答した大学を中心に506部局に対して実施し，287件の回答を得たものである。

この調査では，学習活動の主たる場面でインターネット等の情報通信技術（ISDNや衛星通信，学内LANなどを含む）を活用した，単位認定する授業を，「eラーニング授業」と定義している。ここには，ウェブ・コースウェアを利用した授業，テレビ会議システムを通した授業，電子掲示板上での議論を取り入れた授業，授業ビデオのストリーミング配信などが含まれると例示されている。

2003年度の段階でeラーニング授業を実施している部局に，どのような基盤システム（プラットフォーム）を使用しているかを質問したところ（$N=93$），未使用が34部局（37％）であった。過半数を超える部局で，何らかの基盤システムを使用していることになる。

具体的にどのようなシステムを使用しているかを見ると，選択肢に挙げたWebCTとBlackboardがそれぞれ16部局と2部局であった。他の選択肢では，その他市販のシステムが29部局，独自開発のシステムが34部局となっている。複数のシステムを導入している部局も見受けられた。

市販システムでは，Webclass，ドットキャンパス，LearningSpace（IBM），学びの泉（NEC）などの名称が挙げられている。独自開発については，記述してもらったそのシステム名を見ると，企業用のシステムを独自にカスタマイズしたものや，簡単なウェブベースの掲示板システムなども含まれるようである。

3 LMSとは何か？ ―混乱していくテクノロジーの名称

LMSの定義

本節ではLMSという概念について検討していく。前節ではさまざまなシステム名を並べてきたが，LMSとはこれらeラーニングの基盤システム群を指す呼称の一つある。大雑把にとらえるなら，前節で見たシステムは，その基本的な機能はおおむね共通しているといえる。しかしその詳細を見ていけば，異なるシステムである以上，主たる対象，使い勝手，システム内で用いられる用語などとともに，機能が異なっている。それに従い，LMSという概念もまた，それなりの揺らぎを含んで使用されているようである。

日本イーラーニングコンソシアムがまとめている小冊子『eラーニング用語集』[4]によれば，LMSとは「eラーニングの基盤となる管理システムで，学習者のウェブ・ブラウザに教材コンテンツを配信するクライアント・サーバシステム」とされる。その基本機能は「学習者の登録，学習履歴の管理，学習の進捗管理，コンテンツ配信」となっている。確かに，上記の機能がそろえば，ひととおりのeラーニング・サイトの運用が可能であると思われる。

またこの小冊子によれば，最近ではLMSに「研修の受付や研修業務の管理機能」等の企業研修の運用支援機能や，「スキル項目の定義，スキル診断」などのいわゆるコンピテンシー管理に対応した機能が追加され，さらには，「ナレッジ・マネジメントやHRM（Human Resource Management）と連携」して利用されることもあるとしている。すなわち，企業の運営に必要な知識・スキルをリストアップし，それに現在各社員の獲得している知識・スキルを対応させ，そのギャップをeラーニング等の研修で埋めていくなどの，いわば企業全体の「知」を戦略的に管理するシステムの一部としてLMSが機能するというわけである。このようなLMSの拡張の方向性は企業をターゲットとしたシステムに関連していることは言うまでもないだろう。

これに対し，先進学習基盤協議会（ALIC）のまとめる『eラーニング白書』におけるLMSに関する記述[5]は，前記とは趣が異なる。そこではまずeラーニ

表7.1	LMSの主要機能（ALIC 2003, p. 159より）
	• コース・カタログ機能 • 利用者登録機能 • 事前テスト機能 • 学習教材を提供し進捗管理する機能 • 理解度テスト機能 • 学習教材管理機能 • ナレッジ・マネジメント・システムの統合機能 • 履修管理機能 • コラボレーションとコミュニティ機能 • 学習管理機能 • ERPなど，他の企業内システムとの連携機能

ング・システム（2002年度版の白書ではWBT（Web Based Training）システム）という名称で，主に「管理機能」，「教材作成機能」，「マルチメディア対応」，「受講者サポート機能」をそろえる市販のシステム群をカテゴリー化して，それらに関する調査結果が報告されている。そして各システムでサポートされている機能の現状について述べた後，LMSという概念を紹介し，その主要機能として表7.1のような機能を挙げる。ここではLMSと前述のeラーニング・システムの関係が明示されることがないが，この機能の一覧を見るとLMSとは，eラーニング・システムから教材作成機能を除き，その他の機能群を充実させ，とくに企業内の他のシステムとの連携を図るなどの機能から構成されるものを指し示すようである。このようにLMS概念を提示する背景には，次節で紹介するウェブ教材の規格統一を可能にするSCORMの普及によって教材開発システムと基盤システムを明確に切り分ける方向性を推進し，さらに連携機能などの充実による次世代製品の提案を演出しようとする意図が読み取れなくもない。

錯綜する概念

『eラーニング用語集』と『eラーニング白書』を比べると，用語集のLMSには，コラボレーションとコミュニティ機能（電子掲示板やチャット，共同作業支援機能を指すと推測される）が欠けていることに気がつく。確かに，それら

はすでに単独の機能もつ製品として販売されたり，フリーのコードやソフトウェアとして配布されたりしているものであるため，それらとLMSと組み合わせて使用する利用形態はイメージしやすい。また，LMSのそもそもの学習管理システムという字義をはみ出ていないため理解しやすい。しかし電子掲示板やチャット機能を組み込んで統合したシステムも存在していることも事実である。さらには，前節で取り上げたその名もLotus Learning Management Systemという名称の製品を見ても，用語集と白書の両者で共通してLMSに含まれないとされている教材作成ツールが，独立してはいるが，含まれている。

　こうした混乱の原因の一つは，システム・ベンダーが各製品に独自の機能を付加しようとする傾向であろう。たとえば，さまざまな機能を統合した方が，使い勝手の統一や有機的な連携が果たしやすいというメリットがある。また，それを求めるような，現場における一定でないニーズがあることも推測される。現在，まだまだeラーニングという実践が模索の段階にあり，そのためそのシステムに求められる要件が一律化できないことを，この混乱は反映しているのかもしれない。

　筆者らの見るところ，今後もこうした基盤システムでさえもその定義が一様に設定できないような状況は続いていくように思われる。ナレッジ・マネジメントやHRMとの連携のような高機能化は企業内教育以外を志向するシステムとは方向性が異なるであろうし，高等教育機関では6節で見るような展開も予想される。実施機関に適応した高機能化は避けられないであろう。あるいは，前節で見たような，オープンソース系のシステムや5節で見るCMSなどの発展も，今後，製品としてのeラーニング・システムのあり方に影響を与えていくと予想される。それらフリーで入手できるシステムにはない機能や利点が製品には求められるだろう。このことは元来eラーニングという実践が非常に大きな範疇をもっていたことの当然の帰着とも思われる。今後，eラーニングと呼ばれる実践がどのように多様性を見せ，落ち着き，整理されていくのか，そしてそれに伴って，LMSを代表とするeラーニングを支えるテクノロジーとその名称がどう変化していくのか，注目される。

4 標準化とコンテンツの流通

標準化

eラーニングのテクノロジーに関してはその標準化について，いくつかの提案がなされている[6]。標準化とは規格を統一することである。表7.2はそれら提案の一部である。

LIPでは，氏名やこれまでの学習履歴情報など，学習者のさまざまな情報の形式を統一化することを目指す。これにより，異なるシステム間での学習者情報のスムーズなやりとりが可能になる。広く行きわたれば，教育機関の間で学生の移動が容易になるなどの利点も予想される。

LOMで言われるLearning Objectとは，SCORMで規定されるウェブベースのコンテンツのようなものだけでなく，あらゆる教育・学習の素材を指す。そこにはデジタル化されていない素材も含まれる。学習素材のタイトル，概要，分野などの情報形式を統一することが目指される。このような形式が統一化され，さらに蓄積されれば，適切な学習素材の検索が容易になり，再利用が促進されると考えられる。

SCORMはウェブベースのコンテンツの規格統一を提唱している。大きく言って，コンテンツの構造と構成要素の設定の仕方，構成要素とLMS間の通信手順とデータ形式，コンテンツやそれぞれの構成要素に関するメタデータの付け方の3つについての規格が定められている。

コンテンツとは，単数または複数のアセットやSCO（Sharable Content Object）と呼ばれる単位から構成されるひとまとまりの内容をもつ教材である。

表7.2　eラーニングにおける規格提案

規格略称	正式名称	規格化の対象
LIP	Learner Information Package	学習者の情報
LOM	Learning Object Metadata	学習素材の属性情報
SCORM	Sharable Content Object Model	ウェブベースのコンテンツ

アセットは具体的には一つの画像ファイルであったり一つの音声ファイルであったりする。SCOはアセットなどから構成される単位で，LMSと通信する際の最小単位となる。コンテンツは通常，たとえばガイダンスに始まってLesson 1 ～ Lesson 3 まで続くというような提示順序である構造をもつ。SCOやアセットはこの構造の中に位置づけられる。書籍でいえば，コンテンツ構造とは目次のようなものであり，SCOはひとまとまりの内容をもった各ページにあたる。とはいえ，SCOの具体的な内容量はSCORMで規定されるものではない。いわば，SCOが章なのか，節なのか，さらに小さい単位なのかは，教材ごとに任意に決定されることになる。

　SCOとLMS間の通信手順とデータ形式の規格により，決められた手順を取ることで，SCOはLMS側に蓄積されている学習者の名前やこれまでに教材に費やした時間などの情報を取り出せる。これによりそれらの情報を受講者の見ている画面上に表示することができる。逆に，コンテンツの途中で，テストの得点などの情報をSCOからLMSが受け取ることで，学生の履歴を蓄積し管理することなどができる。

　アセット，SCO，教材全体の3つのレベルに付与されるメタデータとは，それぞれの属性情報である。たとえば，教材の作成者，名称，キーワードなどの情報が付与されることになる。ここには前述のLOMのモデルが採用されている。

　SCORMにしたがってコンテンツを開発することで以下の2点が可能になると言われている[7]。

- コース構造およびSCO/LMS間のインタフェースの規格を決めることにより，同一の教材を複数の異なるLMSが実行することができる（相互運用性）。
- SCO/LMS間のインタフェースの規格により，SCOを複数の異なるコース構造と組み合わせて使用することができる（再利用性）。

　本節では以下，この標準化によって目指される相互運用性が高等教育に対してもつインパクトについて検討していきたい。

高等教育における相互運用性のインパクト

　相互運用性が実現されれば，特定のLMSに依存しない学習コンテンツの開発が可能になる。『eラーニング白書』では，LMSの種類によって動作するコンテンツと動作しないコンテンツが存在するという状況のデメリットは，ビデオにおけるVHS規格とβ規格の並立にたとえられている[8]。相互運用が可能になれば，コンテンツの流通が促進され，コンテンツの低コスト化と高品質化が期待できるというわけである。

　ところで，高等教育におけるコンテンツの流通は大学教員の仕事の変容を引き起こすと考えられる。コンテンツの流通は，ある学問分野について優れた教材が作られて，それが流通し多くの大学で採用される（いわば，広いシェアを得る）という事態を生み出す。そうなると学生にとってみれば，一流の研究者の話を聞いたり，精緻でわかりやすい説明を読んだり，授業料も下がるなどの利点が想定される。こうした想像の延長として，将来，大学という境界が消え，学生はインターネットで手に入る多様な選択肢（コンテンツ）の中から，何らかの学位認定団体に設定された必要な授業を選び修業するようになり，そこにおいてはどの大学で学んだかではなく何を学んだかが重要になってくるのである……といった未来図が語られることもある。大学という枠組みがなくなるまではいかないとしても，流通したコンテンツによって成立する授業には，講師としての大学教員ではなく，代わりに，各学生の学習進捗状況をモニターし，介入・支援していくような，メンター的役割をもつ存在が求められることになる。実際，営利の遠隔高等教育機関ではこのような形態の人材配置が見受けられる。それは多くの大学教員（あるいはその志望者）が，自身が構成し，内容に責任をもつ授業を行う機会を失うという事態である。

　大学教員にとって自ら授業の内容を組み立て，講義を行い，学生からの反応を受け取ることは，自身の知的活動にとって重要な部分をしめる。それはたとえば知の体系が再構成され血肉化される機会であり，さらに新たな地平が広げられていく契機であるはずである。第三者によって作成されたコンテンツを絶対の正解として，学生に立ち向かうメンターには，このような知的活動を行う余地が与えられない。大学における第三者のコンテンツの使用が一般化すると

いう状況は，これまでの大学での知的活動のあり方を大きく変質させることを意味する。

　これに関連して1点付け加えておくと，メンターの存在は学生にとって本質的にやっかいな事態を生み出しているように思われる。さきほどメンターはコンテンツを絶対の正解としなければならないとしたが，もちろんコンテンツに対して「ここについては別の説もある」，「こんな術語も使われる」，「確かに君（学生）のいうような考え方も並立し得る」といった注釈を加えることが現実には可能である。しかし，このとき学生にとっては，目の前のメンターとコンテンツのどちらを正統な教授者として認識すればよいかが曖昧になる。コンテンツの制作者や監修者のような存在と学生が対話できる機会があるのかどうか，メンターが複数いるのかどうかなどによってこの問題の内実は変容していくので細かい検討は行えないが，コンテンツ流通が学生と知の関係性にも大きな影響を与える可能性のある問題であることに注意を喚起しておきたい。

　大学授業におけるコンテンツ流通がはたしてどの程度実現するのか，あるいは大学のどのような授業でそれが可能なのか，そしてそれがいつ頃なのか，筆者には想像もつかない。しかし上で検討したように，コンテンツの流通は授業のコストダウンや改善という変化だけにはとどまらないはずである。技術的に可能になっていく相互運用性に対応して，高等教育がどのように変容していくのか，慎重に見守っていく必要がある。

5　CMSによるeラーニング・サイト運営の可能性

CMSとは何か

　CMSとはウェブサイトのコンテンツの管理を統合的にサポートするシステムを指す名称である。CMSを利用すると，HTMLなどを記述しなくても，簡単にウェブサイトを構築し，内容の更新などが行えるようになる。ウェブサイトといっても，商用の大規模サイト，日記サイトのような個人運営のサイト，あるいは企業のイントラネットサイトなど多様である。それに対応して，CMSに該当するシステムも広範である。たとえば『インターネットマガジン』

2003年10月号[9]では，CMSのジャンルとして，「エンタープライズコンテンツ管理システム」，「大規模サイト用ウェブサイト統合管理ツール」，「小中規模サイト用ウェブサイト統合管理ツール」，「blog/ニュース/日記ツール」，「コミュニケーションポータル用ツール」という5つのカテゴリーで整理している。前の3つは，主にシステム会社のインテグレーションなどを受けて導入したりする比較的高価な製品であるが，「blog/ニュース/日記ツール」，「コミュニケーションポータル用ツール」はオープンソースなどの方式で開発され無料で配布されているものが多い。

フリーで配布されているCMSの一つであるXOOPSの配布サイト（http://jp.xoops.org/）を図7.1に示す。このサイト自体がXOOPSを利用して構築されている。左右のメニューにある検索，新着リンクなどの機能はその設置がウェブ上で簡単に設定できる。コンテンツ（基本的にはニュースなどの投稿記事）の登録もウェブ上でできる。

http://jp.xoops.org/

■ 図7.1　XOOPSのサイト

これらのシステムの特徴としてはまず，ウェブページ上の文字・画像情報（コンテンツ）をデータベースで管理して，サイト全体の統一した表示方法を管理することができるという点が挙げられる。これにより，HTMLやCSSなどの知識がなくても美しいウェブページが容易に公開・管理することができる。またこれだけではなく，BBSやユーザー管理，投票，ファイル共有，予定表などの一般的なウェブサイトに求められる機能を容易に設置し，管理できるようになっている。さらには，複数のサイト管理者での作業分担を支援し，たとえばコンテンツの公開承認などのワークフローを管理できる機能をもつものもある。

CMSとeラーニング

ここでeラーニング・サイトについて考えてみると，それもまたウェブサイトであるため，上記のようなシステム群を利用しても運用可能な場合もあるように思われる。もちろん，学習者（サイトのユーザー）の学習履歴を管理したり，テストの実施や採点を支援したりする機能は一般的なCMSにはないため，それらを利用するならば機能不足であろう。だが，対面で行われている授業の支援として，単に授業ノートのようなコンテンツの公開を管理し，それを利用できるメンバーを管理し，掲示板によってコミュニケーションの場を設けるといった程度のサイトならば一般的なCMSで運用が可能であろう。

もし対面授業支援のeラーニング・サイト運用にCMSを利用することができるならば，利用者にとってさまざまなメリットが生じる。教育に特化したシステムではないため，市場が広くなるので，相対的に安価で，高機能で安定したシステムが提供されやすい。利用事例が多ければ，それだけ利用者による運用TIPSなどの情報が豊富で入手しやすくなるため，運用の助けになる。初心者向けの丁寧な解説書が出版される場合もあるだろう。

すでに，現在では大学教員が個人的な授業支援サイトを，フリーのCMSツールを利用して，運用している事例が散見される。教員の個人利用だけでなく，たとえば，大学，研究科の広報用サイトをXOOPSで構築しているケースもある。上記のような利点があるため，教員たちがサイトを開設し運用する障壁は低くなっていると考えられる。授業のフォローとして資料を配付したり，講義

ノートを公開したり，関連情報を伝達したり，掲示板で質疑の場を用意するようなこれらの事例が増えていき，やがて学生にとってその利用が珍しいものではなくなるときがくるかもしれない。そのとき，対面授業にとっての支援eラーニング・サイトの運用は，いわば丁寧な板書のように，「いい授業」の条件として求められるものとなるだろう。これら草の根的なCMSを利用した取り組みは，LMSなどを利用する大学や学部単位での大規模な取り組みとは異なる流れであるが，やがて大学の授業におけるIT利用の意識を大きく変える可能性をもち得る。

6　eラーニング・テクノロジーの近未来――アメリカの事例

アメリカの大学の事例

最終節では，アメリカの大学の利用事例から，「テクノロジーを活用した大学の学習環境」が今後どのように発展していくか，その可能性の一つを確認しておこう。結論から先に述べると，以下のようなものである。

① 現在のeラーニング・テクノロジー（LMS，CMS）が，従来からある学務システム，図書館システムと統合される
② 学習者にはすべての情報が統合されたポータル画面が提供される
③ シングル・サインオンでシステムにログインでき，さまざまなリソース間をシームレスに移動しながら，学習を進められるようになる

上記に述べる学習環境がどのようなものであるかを，ハーバード大学のシステムを参考に考察してみよう。ハーバード大学人文科学部では，下記に述べるような機能を有するLMS（Course Web Siteと呼称）を独自に開発し，ファカルティに提供している。

- シラバスの公開
- アナウンスメント/授業に関するニュースの管理
- レクチャー・ビデオの登録
- ギャラリー（ファイル共有）
- イメージベース（共有ファイル画像をスライドショーで見せる機能）

- アスク・ライブラリアン（図書館にいる専門司書にコンタクトをとる機能）
- 電子メールバック（授業メンバーにメールを送信する）
- サインアップツール（ファカルティのオフィスアワーを予約する機能）
- グロッサリー（授業の用語集）
- コラボラティブ・アノテーションツール（共有テキストに付箋を添付する機能）
- Q＆Aツール（アンケート生成・回答集計機能）

　上記の機能は，いわゆる標準的なウェブ技術だけで実装できるものであり，とくにテクノロジーとしての新奇性はない。ファカルティは，この中から必要な機能を選択し，授業のウェブサイトをつくることができる。最近のLMSには，このくらいの機能が実装されている場合が多いし，日本のいくつかの大学ではすでにこうしたシステムをファカルティに提供しているところも少なくない。

　しかし，重要なのはハーバード大学のシステムでは，①コース・マネジメント・システム，②学務情報の基幹のシステム（生徒のIDや成績を管理しているもの），③図書館のシステムのデータベースが相互に接続され，統合されていることである。

　生徒は，「My.Harvard」と呼ばれるポータルサイトから，一度サインオンするだけで，コース・ウェブサイト，学務情報システム，図書館システム等をシームレスに移動できる。

　たとえば，今仮に，ある学生が，コースのウェブサイトに設置してある電子掲示板で，授業課題である「ディスカッション」を行うため，My.Harvardにログインしたとしよう。

> 　ポータルサイトには，自分が受講している授業のリストが並んでいる。目的の授業を選ぶと，教授がつくったコースのウェブサイトが開いた。
> 　コースのウェブサイトには，電子掲示板が併設されている。コースのウェブサイトのプロフィール表示欄には，受講登録している学生のリストが並んでいる。彼らの学生証に貼ってあるのと同じ顔写真がそこには表示されている。
> 　電子掲示板では，他の何人かの旧友は，あるジャーナルの文献を引用しながら，議論

7. eラーニングを支えるテクノロジー

> を始めているようだ。自分はこのジャーナルを読んだことがない。ポータルサイトから図書館のページにアクセスし，検索を行う。図書館のサイトには，多くのジャーナルがすでに電子化されている。電子化されているジャーナルは，どこにいても閲覧し，PDFファイルとして取得・印刷することもできる…

　上記はあくまで例である。しかし，ここに挙げた事例は，先に述べた①が実現し，情報の一元化，それによるシームレスな情報フローが可能になっていなければ不可能なことである。

　不可能と述べたが，もちろん技術的にできないわけではない。これらの事例は，むしろ実現可能性がきわめて高い安定したテクノロジー（Feasible technology）によって実現されており，技術的には，データベースの相互接続させたり，ウェブ・サービスの利用などで実装することができる。

　しかし，技術的には可能であっても，その実現可能性が低いのは，それはなぜか。

　それは，①部門間のセクショナリズムが横行していたり，②学内の学習システムのイニシアチブをとる組織の不在によって，相互のシステムの存在が不可視になっていることなどから，実現が不可能になっている場合が多い。つまり，多くの場合は，ヒューマンサイドの理由によるというわけである。

　アメリカの場合，こうしたシステムは，ハーバード大学だけで実現されているわけではない。たとえば，マサチューセッツ工科大学では，学習者が利用するポータルサイトこそ提供していないものの，すべての学内の学習リソースは，学生証IDとそれと連動したCA（電子証明書）によって利用可能である。学生証IDをもつ学生は，自宅のパソコンにCA（電子証明書）を発行してもらうことができる。この電子証明書がインストールされているコンピュータからは，コース・マネジメント・システム（MITの場合，Stellarというシステムを利用している）や，図書館のeジャーナルなどを閲覧・印刷することができる。

　管理者にとっては，コース・マネジメント・システム，図書館システム，学務システムなどは，それぞれ異なった情報インフラストラクチャなのかもしれない。しかし，学習者のパースペクティブから見れば，それらのシステムの違いは，あまり意味をなさない。できることならば，バラバラに運用され，異な

ったインタフェースで利用することを求められるよりも，統合され，円滑に学習を進められた方がありがたい。

eラーニングのテクノロジーの無化へ

この意味からすれば，われわれが次に目指すべき地平は，「eラーニングのテクノロジー」という言葉を無化することなのかもしれない。従来，eラーニング・システムと呼ばれていたものが，既存のさまざまなシステムと統合され，まさに意識せずに利用できるようになったとき，初めて，学習者が円滑に学べる環境が構築できたと言ってもよいかもしれない。

（西森年寿・中原　淳）

■ 注 ■

1　ALIC（先進学習基盤協議会）編著（2003）『eラーニング白書2003/2004年版』オーム社，p.154.
2　http://www.iii.u-tokyo.ac.jp/online/
3　http://www.nime.ac.jp/~itsurvey/pub/e-learning/2004/index.html
4　日本イーラーニングコンソシアム著，日本イーラーニングコンソシアム広報委員会編集（2003）『eラーニング用語集』日本イーラーニングコンソシアム，pp.4-5.
5　ALIC（先進学習基盤協議会）編著（2003），前掲書，pp.154-164.
6　ALIC（先進学習基盤協議会）編著（2003），前掲書，pp.166-172.
7　ALIC（先進学習基盤協議会）編著（2003），前掲書，p.169.
8　ALIC（先進学習基盤協議会）編著（2003），前掲書，p.166.
9　インターネットマガジンNo.105，2003年10月号，インプレス，p.77.

8 eラーニングを支えるスペシャリスト

1 はじめに

　2001年にインターネットを通した非同期コミュニケーションによる授業の単位が認められて以降，これを教育の質の向上に活用できないものかと考えている機関は，徐々にではあるが着実に増えている。本書に取り上げた具体的な5つの事例は，今後，eラーニングを導入しようとする機関にとって，おおいに参考になるものであろう。

　社会人大学院生を主なターゲットに，時間と空間を縛らないかたちで学習機会を提供し，かつ社会サービスの一環として大学の知を公開することを目指した東京大学の事例。一般の学生に個別学習の機会を提供し学力の質保証を目指した玉川大学の事例。学生が参加する国際的な授業を本格展開している青山学院大学。全学必修の教養教育をeラーニングによって効率的に配信することを目的としている佐賀大学の実践。そして，大学院全研究科の講義の40％をオンライン化するという壮大な計画を立ち上げた東北大学。

　それぞれの実施目的や公開規模，学習者の人数はさまざまに異なっているが，各大学において，eラーニングを成功裡に導くキーワードがあるとするならば，関係者の並大抵ではない「努力」と「ボランティア精神」ではなかったであろうか。本書の執筆者は，それぞれのプロジェクトにおいて実際に陣頭指揮をとっており，パイオニアゆえの苦労は，直接的に語られていなくても，その文面のあちらこちらに読み取ることができる。しかし，実験段階を経てeラーニングを安定的に運営するためには，こうした一部のボランタリズムと個人の努力に頼ってばかりもいられない。

ある先生がいなくなった途端に，そのプロジェクトが無に帰す，ということは教育改善実践においては残念ながらまま見られることである。eラーニングが教育サービスである以上，安定的にコースを提供していくことは何よりも重要である。そのためには，本書のテーマである「ヒト・モノ・カネ」の必要十分な供給が必要である。とくに，人，すなわち組織づくりは，持続可能なeラーニングのサービスを実施していくためには，すべての基本になると考えられる。その組織には，特定の職務遂行能力をもったスペシャリストが必要なのである。

　本章の目的はアメリカのいくつかの実践例における，eラーニングを支えるスペシャリストたちが，どのような役割のもとで，具体的にどのようにコースを開発しているのかを明らかにすることである。

　本章では第1に，ニューヨーク大学の継続教育・専門職教育学部とMITのオープンコースウエアの取り組みを事例として，コース開発の手法として採用されている「出版モデル」を概説する。具体的なコース開発の手順の中で，どのようなスペシャリストがどのように職務を遂行しているかを明らかにしたい。次に，そうしたスペシャリストの中でもとくに「ファカルティ・リエゾン」と呼ばれる役割に注目し，MITのオープンコースウエアとシンガポール-MITアライアンスプロジェクトを事例として，その職務内容を詳しく見る。

　日米間に文化差は当然あるものの，これらアメリカの事例を日本の事例と対比させて見ることで，より安定的で継続的なeラーニングのためのキーワードが見えてくると考えられる。

2　出版モデルによるコースの開発

　本を出版するときのことを考えてみると，1冊の本をたった1人で作り上げることはまずあり得ない。原稿を執筆する作者以外に，装丁を考えるデザイナ，校正をする編集者などさまざまな職種が必要となる。本の読者を想定して売れそうな内容かどうかを判断するマーケティングや，時には原稿の遅れがちな「先生」のもとに足しげく通い，期日に間に合わせるために叱咤激励するメンターなども必要な役割に入るかもしれない。では，ウェブの作成の場合はどう

だろうか。いわゆる原稿執筆者が，マーケティング，デザイン，校正，はては読者からの質問への対応まですべてを引き受けるといったことが頻繁に起こっているのではないだろうか。しかしながら大人数を対象として，質の高いeラーニングのサービスを実施しようとすると，すべてを1人で行うことは不可能である。

そのような背景から，いくつかの大学では，eラーニングを立ち上げるにあたって，「出版」をモデルとしたコンテンツの生産体制が採用されている。この出版モデルの具体的な仕事内容を見ることで，どのような時期にどのようなスペシャリストがかかわってくるのかを見てみよう。

ニューヨーク大学

ニューヨーク大学は，1970年から通信教育を開始，CATVを経て，外部企業として「NYU Online」を立ち上げたものの，一度は失敗に終わっている。その後，2000年より継続教育・専門職教育学部を学内組織として立ち上げ，ラーニング・マネジメント・システムと教授法の大幅な見直しを行い，オンライン教育提供を再開した。そこでインストラクショナル・デザイナとして勤務しているアン・クラークソン氏（以下，アン）によると，現在はきわめて順調に収益を上げているという。

5つの修士号取得プログラム（マネジメント・システム，旅行主任，ホテルマネジャー，翻訳，オンライン・インストラクショナル・デザイン）と，情報工学，財務，翻訳，マーケティング，インストラクショナル・デザインなどの約100の修了証発行プログラム，それ以外に250の単位を発行しないプログラムである。これらを，オンラインとキャンパスの両方で提供（これをハイブリッド型と呼んでいる）しているのである。オンラインとキャンパスの両方で授業を提供するのは，キャンパス内で提供することによって学生への認知度を高め，学生がオンラインにも登録しやすくするためだということである。

実際の学習は，非同期と同期を組み合わせて（これをブレンディッド型と呼んでいる）すすめられている。オンラインの学習ページでは，トップページで学習内容，コミュニケーションのルール，宿題提出のルール，電子メールの返信期限などが明示される。オンライン・ラーニングでは，学生のコースへの期

待が過剰になりがちであるため，最初にコース内容を正しく理解させておくことは非常に重要である。また，メールでの連絡を行うと「電子メールをもらってない」と主張する学生が必ずでてくるため，大切な連絡はウェブ上にて行うことが重要である，ということであった。同期型の学習においては，セントラと呼ばれるシステムを用いている[1]。セントラにおいては，参加者の名前が左のウィンドウに，発言が右のウィンドウに現れ，参加者は主にマイクを用いて音声によってコミュニケーションを行う。名前の前には，Yes, No, happy, 拍手といったアイコンを付加することが可能で，ワンクリックで簡単に気持ちを表すことができるということであった。また，それ以外にテキストチャットが利用可能であり，マイクを通して全員に伝えたくないことはチャットを利用する，といったような使い分けが可能である。提示される資料は，PowerPointやホワイトボードなどがよく利用されている。このセントラによる同期双方向のシステムは，講義やディスカッションだけではなく，オフィスアワーや，学生同士のチームプロジェクトにも利用されるということである。

　では，実際の開発プロセスとそれにかかわる人員の配置を見てみよう（図8.1）。まずは，コンテンツの選定である。開発したいコンテンツをもつ大学教員に遠隔教育を実施して欲しいという話をもちかけるわけであるが，その際に重要なのは「オンライン・ラーニング」であるから特別に変わったことをしなければならない，というような意識をもたせないことである。なぜなら，大学教員は「内容に関するスペシャリスト」であり，それをオンライン・ラーニングに「加工」するのはその道のプロであるインストラクショナル・デザイナの仕事だからだ。

　教員が遠隔教育の実施に同意すると，インストラクショナル・デザイナが教員に内容や教え方をヒアリングする。その上で，教材を設計し，教員が内容について確認を行う。続いて，ウェブをより魅力的にするために，イラストレータ，グラフィック・デザイナによるデザインが施され，必要に応じてプログラマによるカスタマイズがなされ，コンテンツが完成する。

　授業は，コンテンツを提供した教員自身が行う。これに関しては，かつて，コース開発だけに教員を関与させ，実際の授業を別の講師が行ったこともあったが，うまくいかなかったためである。授業の前にはオンライン教育のために，

8. eラーニングを支えるスペシャリスト

```
コンテンツの選定 ← 教員
      ↓        ← インストラクショナル・デザイナ
   教材の設計
      ↓
   内容の確認  ← 教員
      ↓        ← イラストレータ
  ウェブ・デザイン
      ↓        ← グラフィック・デザイナ
   カスタマイズ ← プログラマ
      ↓
FD（教育方法の ← 教員
 トレーニング）← 教育スタッフ
      ↓
   授業開始   ← 教員
             ← モニタリング・スタッフ
```

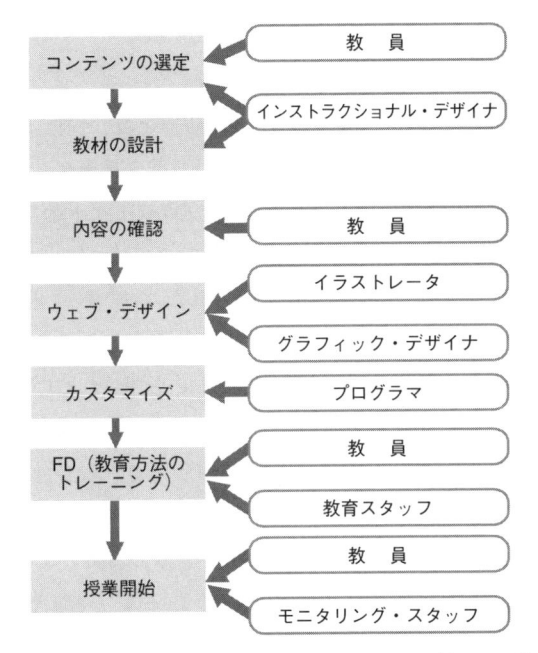

図 8.1 ニューヨーク大学のオンライン授業開始までの流れ

大学教員への研修が行われる。授業が開始されてしばらくの間は，スタッフが全授業をモニタリングして，必要なサポートを行う。モニタリングは，とくに初めて受講する生徒が多いクラスの場合には集中的に実施される。これは「監視」ではなく，教員のサポートが目的であるそうだ。授業が軌道にのると，教員は1人で授業を行い，TAなどはつかない。しかし，そのためにはクラス規模は，経験上，20人までが限度であるということであった。

なお，ニューヨーク大学では，開発費のかかる非同期のコンテンツを減らし，セントラによる同期双方向のコンテンツを増やしていきたい，ということである。同期型によって行われた授業はいつでも再現可能であるため，それをそのままアーカイブ化し，非同期コンテンツとして再利用することも技術的には可能である。しかしながら，担当教師が嫌がることがあることと，生徒の発言にかかわる著作権に対する契約を結んでいないため，そのようなアーカイブ化による非同期提供はまだ実行されていない。

MIT オープンコースウエア

　MITのオープンコースウエア(以下，OCW)とは，MITが2001年より開始した，授業素材の無償公開サイトである。2004年5月現在，公式サイト[2]では，約700のコースが無償提供されている。このプロジェクトの開始にあたっては，MIT教育工学委員会が立ち上げた生涯教育のコア・チームによって，マーケット・リサーチを含む十二分な検討がなされた[3]。結果，OCWが遠隔「教育」を提供するのではなく，ウェブによる「出版」といったかたちをとることで教育貢献を行う，という方針が決定されたのはよく知られているところである。

　プロジェクトが走り出すにあたって，誰がその中心人物となるのか，すなわち，エグゼクティブ・ディレクタとして誰が雇用されるかは，世界の注目を集めた。結果的には，アン・H・マーギュリーズ氏が雇用され，彼女を中心として，図8.2に示す組織が編成されている。全体の方針決定を行うのは，アンを中心としたOCWコア・チームである。そこには，予算や雇用の管理担当，技術担当，渉外・広報担当，評価担当，プログラム担当が含まれている。コア・チームの下にはさらに，制作チーム，知的財産処理チーム，5名のファカルティ・リエゾンと8名のデパートメント・リエゾンを下部組織にもつ出版チームという3つの部門がおかれている。リエゾン(liaison)というのは，もともとフランス語の「合体」が原義の言葉であり，一般に組織と組織の間の連絡や調整をする人の意味で使われる。ファカルティ・リエゾンとデパートメント・リエゾンの具体的な役割については後述する。

　注目すべきは，OCWコア・チームを含め，その下で働く専門家たちは，大学教員は1人もいない，ということである。一度方針が決定されると，それに必要かつ適切な能力をもったスタッフを新たに雇用する。教員集団は，本来の教育・研究活動を行いつつ，適宜，アドバイザ業務や重要な意思決定などを行う。事業のコアは，新たに雇用した専門のスタッフに行わせ，教員集団はいわゆる事業の「上流工程」を担当する。この点が，日本と大きく異なる点であろう。

　ここでは，「言い出した先生」あるいは「当初からかかわった先生」がそのまま中心人物となって，本来の業務とのかけ持ちのまま走り続けなければなら

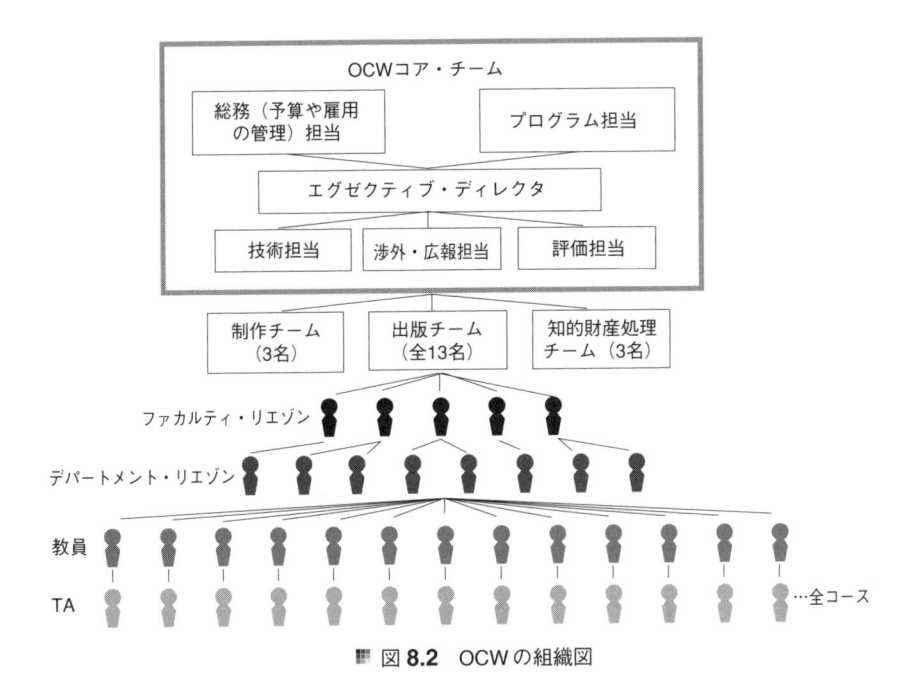

8. eラーニングを支えるスペシャリスト

図 8.2 OCWの組織図

ない，という状況（これは日本の大学において，頻繁に見受けられる状況であるが）は見られない。誤解を避けるために付記しておくが，こうした事業に教員集団が不必要であるというわけではない。ITを活用した教育に専門知識や見識のある教員集団は，やはり必要である。しかし，日々のルーチンワーク，あるいはそのマネジメントまで，彼らが担当しているわけではない。教員集団と専門的なスタッフによる明確な役割分担が必要である。

では，具体的に「出版」までの流れの中で，これらのスペシャリストたちがどのようにかかわっていくのかを見てみよう。

出版部門に属するファカルティ・リエゾンのタマラ・B・カップルス氏（以下，タマラ）によると，1年の仕事は9月に行われる教員のリクルートから始まる，ということであった。最終的に2000コースの出版を目標としているため，年々公開してくれる先生の数を増やしていかなければならないからである。

ファカルティ・リエゾンがまず最初に訪れるのは，学部長室である（図8.3）。

```
        サポート          ┌──────────────┐
   ┌- - - - - - - - - ->│   MIT総長     │
   │                    └──────────────┘
┌─────────┐             ┌──────────────────┐
│ 学部長面談 │<───────────│ ファカルティ・リエゾン │
└─────────┘             └──────────────────┘
     │ 推薦
     ▼
┌──────────────┐         ┌──────────────────┐
│ 教員へのメールに │<────────│ ファカルティ・リエゾン │
│ よるコンタクト  │         └──────────────────┘
└──────────────┘
     │ 訪問OK
     ▼
┌─────────┐             ┌──────────────────┐
│ 教員への面談 │<───────────│ ファカルティ・リエゾン │
└─────────┘             ├──────────────────┤
                        │ デパートメント・リエゾン │
     │ 合意              └──────────────────┘
     ▼
┌─────────┐             ┌──────────────────┐
│  執  筆   │<───────────│      教  員       │
└─────────┘             └──────────────────┘
     │
     ▼
┌─────────┐             ┌──────────────────┐
│  収  集   │<───────────│ デパートメント・リエゾン │
└─────────┘             └──────────────────┘
     │
     ▼
┌───────────────┐       ┌──────────────────┐
│ ウェブ・コンテンツ化 │<──────│  ウェブ・デザイナ   │
└───────────────┘       └──────────────────┘
     │
     ▼
┌─────────┐             ┌──────────────────┐
│  チェック  │<───────────│      教  員       │
└─────────┘             └──────────────────┘
     │
     ▼
┌─────────┐
│  出  版   │
└─────────┘
```

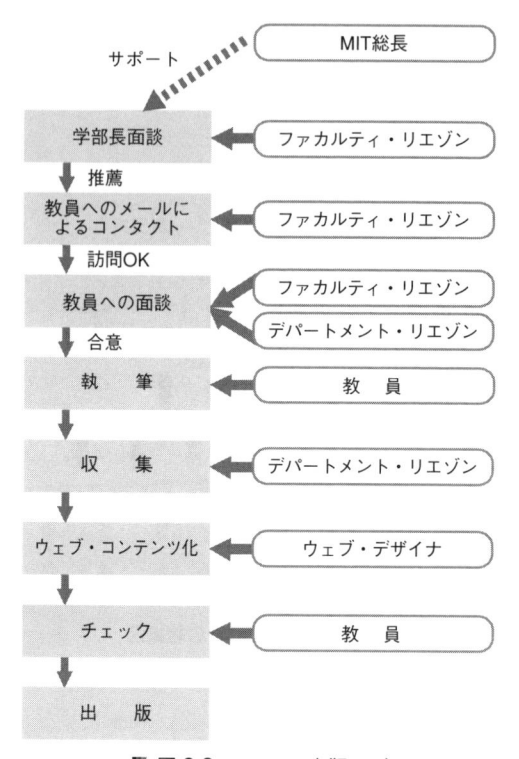

図8.3 OCWの出版モデル

学部長に公開してくれそうな先生を推薦してもらい，その後につなげるためである。学部長面会の前には，エグゼクティブ・ディレクタであるアンからの依頼によって，MIT総長のチャールズ・ベストから学部長への申し伝えがなされている。こうした「トップのサポート」はファカルティ・リエゾンが効果的にプロジェクトを進めていくために非常に重要であるということである。

　学部長から推薦者のリストをもらうと，ファカルティ・リエゾンは，まず電子メールによって接触を試みる。OCWの説明を行う面会の約束をとりつけるためである。学部長からは，コア・コースという「学生が必ず取得しなければならない授業」や「人気の高い授業」を薦められることが多い。電子メールでは「3000ドルの研究資金が確保できる」といったことを含めたOCWの利点を明確にし，1度で返事がこない場合は，再度電子メールを出し，説得を試みる

が，あまりしつこくならないようにするさじ加減が難しい，ということであった。

　面会の約束をとりつけると，今度は説明資料一式をもって，デパートメント・リエゾンとともに実際に教員の研究室を訪問し，30分から1時間かけて詳しい説明をすることになる。このときが「最も緊張するとき」であるそうだが，大変なのは，ドアに入るまでであって，一度説明に入ってしまうと，断られることは少ないそうである。

　合意に達したあとは，ファカルティ・リエゾンが実際に教員と会うことはほとんどない。実際にファカルティのもとへ足しげく通って教材を集めるのは，デパートメント・リエゾンの仕事になるからである。教員から教材を集めるにあたっては，締め切りをにらみながら，慎重に何度かにわけて催促状を出す。実際に教員と顔をあわせて，資料を受け取るのはデパートメント・リエゾンの役割である。手元に素材が集まったあとは6名の開発担当者が4週間かけてコンテンツ化する。とくに難しい判断を要しないものについては，外部企業であるサピエント社に依頼して作成しているそうである。

　できあがったコースは必ず，公開前に教員のチェックを受ける。ここで問題がなければ公開となるのだが，公開にあたっては，コースの著作権は教員にあり，OCWは公衆送信権をもつといった内容の契約書を必ず交わしておく，ということであった。

　大変なことは，「締め切りを守らない教員」をマネジメントすることと，「著作権の処理」ということで，いわゆる本の出版の大変さに似ているのではないだろうか。

　著作権の処理は，ファカルティ・リエゾンが知的財産処理担当と連携して行うが，先生が自分の授業で使った素材の出典を全く覚えていなくて困ることが多いそうである。著作権料については，OCWから著作権料を支払ってウェブ化することもあるが，たいていはその部分を削除することで対処しているそうだ。全世界に配信することになるOCWへの著作権料が法外な値段になることが多いためである。ただし，図版を抜いてしまうとコースの重要な部分が全く理解できなくなる場合は，イラストレータに似たような絵を描いてもらって補うなどの工夫をしているということであった。

出版モデル

以上2つの事例をまとめると，eラーニングのコンテンツ開発から配信までのおおまかな流れは，図8.4のように示すことができるだろう。

内容の選定は，内容と教え方のプロである大学教員の手にゆだねられ，それをウェブに適した教材にしていくのは，教材化のプロであるインストラクショナル・デザイナに任せられる。さらにそれを実際のウェブ・コンテンツに仕上げ，見栄えを良くしていくのは，ウェブ・デザイナやイラストレータといったその道のプロである。「餅は餅屋」の思想といってもよいだろう。「出版」をモデルとした開発プロセスは，確実に期限を守り，質の高い教材を提供するためには必要不可欠である，という。単に「授業をする先生」と「ウェブを構築するテクニシャン」がいれば，eラーニングが実施できると考えるのは大きな間違いだと考えられているのだ。

マーケティング → コンテンツの選定 → コンテンツの執筆 → コンテンツの回収 → 教材の設計 → ウェブ・デザイン → 最終チェック → 配信

- コンテンツの選定：ファカルティ・リエゾン
- コンテンツの執筆：教員
- コンテンツの回収：ファカルティ・リエゾン
- 教材の設計：インストラクショナル・デザイナ
- ウェブ・デザイン：プログラマ／ウェブ・デザイナ
- 最終チェック：教員

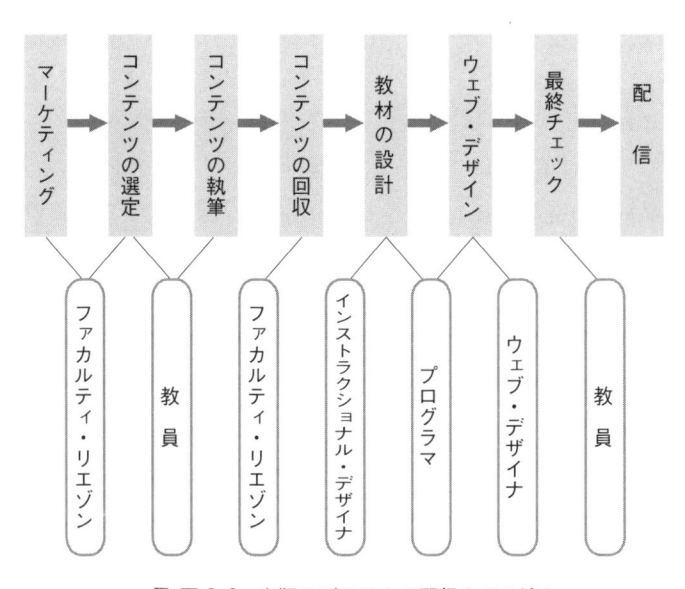

図 8.4 出版モデルによる配信までの流れ

3 リエゾンという役割

　さて，上記の出版モデルにおいて，日本には馴染みのないスペシャリストとして「ファカルティ・リエゾン」という役割が挙げられる。筆者らは，このファカルティ・リエゾンが遠隔教育を円滑にすすめるためのキーパーソンとなるのではないかと考えた。彼らこそが，教科知識を有する専門家としての教員と，コンテンツ開発を行うスペシャリストをつなぐ役割を担っているからである。

　ここでは，OCWの事例に加え，それとは全く異なる理念のもとに実施されている，シンガポール-MITアライアンスプロジェクト（SMA）を具体例として，その仕事内容を紹介したい。

OCWのファカルティ・リエゾンとデパートメント・リエゾン

　OCWにおけるファカルティ・リエゾンとは，ファカルティ（教員）への交渉を行い，各デパートメント（学科）に常駐するデパートメント・リエゾン，知的財産処理担当者，制作チームを指揮して，コースの出版を行ういわば，プロジェクト・マネジャー的存在である。われわれは，OCWのファカルティ・リエゾンであり，かつデパートメント・リエゾン・コーディネータでもあるタマラに詳しく話を聞くことができた。

　タマラの担当するコースは，スローン経営大学院，建築学科，都市計画学科，比較メディア学科にまたがる48コースである。ほかに4人いるというファカルティ・リエゾンは1人の担当コース数が50程度になるように，提供数の多い工学科には2名，人文学科に1名，理化学科には1名が割り当てられている。こうしたファカルティ・リエゾンは，その下につくデパートメント・リエゾンと知的財産処理担当者とでチームを構成し，週に1度のミーティングにおいて連絡や方針決定などを行う。

　ファカルティ・リエゾンの下で，各学部に1人割り当てられて働いているのが，デパートメント・リエゾンである。デパートメント・リエゾンというのは，授業を公開してくれる大学教員とOCWとの調整役である。実際に大学教員から資料を受け取るだけではなく，授業のビデオを撮影したり，内容を補うため

に授業に出席して講義ノートを取り，それを教材化してコースの充実を図る，といったことも行う。デパートメント・リエゾンは，各学部に1人ずつしかいないため，授業ごとについたTA（これは特別なことではなく，どの授業にもいる）との連携が重要である。

　また，デパートメント・リエゾンは，1カ月に1度開催される研修を受講しなければならない。この研修は，デパートメント・リエゾンを統括する役割も担っているタマラによって開催されている。著作権の知識と，OCWの出版の際に使っているテンプレートの知識の獲得が主たる目的である。また，たとえば，ウェブに写真を引用する際の用語の統一などはこの場で図られる。ウェブを作成したあとで，再度統一を図るといった二度手間を省くためである。当然ながら，長く勤めてもらえれば，それだけトレーニングの時間も減るのだろうが，契約は1年から1年半に限っている，ということである。なぜなら，この仕事につくのはほとんどがMITの卒業生であり「この仕事を次の職へのステップとするのがのぞましい」からということであった。すなわち，デパートメント・リエゾンは，いわゆる「インターン」として機能しているのである。

　デパートメント・リエゾンに必要なのはどのような能力なのであろうか。タマラによると，第1に自分が担当する学科の内容知識，第2にコミュニケーション能力（教員と話すことを怖がるようでは困る），第3に締め切りを守れる能力，ということである。雇用する側としても，専門的な内容と，大学教員の実情や状況をよく理解しているMITの卒業生が最適であり，就職がうまく決まらなかった学生にとっても1年間のインターンはありがたい存在であるはずである。ちなみに報酬は，年間で4万ドルである。

　なお，こうしたデパートメント・リエゾンというポジションは，プロジェクトの当初から用意されていたものではない。OCWの開発初期からかかわるタマラによると，プロジェクト開始当初の2年前，ファカルティ・リエゾンはタマラを含めて2名しかおらず，デパートメント・リエゾンという役割もなく，ウェブの開発までを自分たちでやっていたという。大学教員の理解を得ることが大変だったため，コース開発に携わってもらうメリットを少しでも感じてもらおうと，教材づくりなども手伝いながら，徐々に「OCWは役に立つ」という評価を勝ち得ていった。プロジェクトが成長するに従って，新しく人員が雇

用され，新たなポジションが加えられていった。2年たち，知名度・インパクトが大きくなるにつれて，大学教員への理解も増し，仕事は楽になってきた，とタマラはいう。こうした急成長を遂げるプロジェクトでは，常に組織を改善していく必要があるのである。

シンガポール-MITアライアンスの組織図

次に，シンガポール国立大学，ナイヤン工科大学，MITによって実施されている「シンガポール-MITアライアンスプロジェクト（SMA）」[4]を見てみよう。本プロジェクトは，OCWの実施主体と同じMIT内部の教育情報推進センターが主導して1998年に開始したプロジェクトである。こちらは，太平洋をまたぐインターネット高速回線を使って，MITの授業をシンガポールでも受講できるようにするというまさに「遠隔教育」であり，「教育ではない」と明言しているOCWとは哲学を異にする。まずは，このプロジェクトの概略について説明したい。

本プロジェクトでは，**表8.1**に示したような複合領域を扱う，5つの大学院課程のプログラムが提供されている。修士課程と博士課程があるが，博士課程に在籍する学生は，年間数名程度と多くはない。修士課程にはそれぞれ30名から50名が在籍しており，多いときでは，年間200名の学生を擁することになる。このうち，IMSTはナイヤン工科大学に設置されており，残る4コース

表8.1　設定されているコースとファカルティの数

	MIT	ナイヤン工科大学	シンガポール国立大学	計
The Advanced Materials for Micro- and Nano-Systems（AMMNS）	9	2	8	19
The Computer Science（CS）	10	1	8	19
The High Performance Computation for Engineered Systems（HPCES）	11	1	13	25
The Innovation in Manufacturing Systems and Technology（IMST）	9	10	2	21
The Molecular Engineering of Biological and Chemical Systems（MEBCS）	9	1	7	17
計	48	15	38	101

はシンガポール国立大学に設置されている。コースごとのファカルティの構成も表8.1に示した。教育だけではなく、研究も行われており、3大学が最先端の工学研究を共同で行うといったことも特色の一つとして掲げられている。

　実際の学習活動は、シンガポール時間午前8時、MIT時間午後7時（夏時間の場合は、午後8時）に行われるライブ授業による。筆者らはそのうちのある授業を見学する機会を得たが、質疑応答はほとんど行われず、MITの学生に向けて行われる授業をそのままビデオでシンガポールに送り届ける、といった授業であった。シンガポールの学生は、授業終了後に、シンガポール側の教員を通してMIT側の教員にリアルタイムで質問を行っていたが、10分程度の短いものであり、あまり相互作用は感じられなかった（ただし、これは授業の性格、教員の授業方針によって異なる可能性が十二分にある）。

　もちろん、シンガポールの学生はこれだけで「学習」が終わるわけではない。学生の指導は、MITとシンガポールの教員による「チーム・ティーチング」による。よって、授業時間以外はMITのコース・マネジメント・システムであるステラー（Stellar）なども用いてシンガポール内のキャンパスで学習し、シンガポール側の教員とのミーティングや研究を行う。1月には、それらの研究の成果を全員が発表するシンポジウムがシンガポールにて開催され、1年で修士号を取得することができる。表8.2は、ある年の1年間の流れを示したものである。

　さて、このプロジェクトにはファカルティ・リエゾンを含め、どのようなス

表8.2 修士号獲得までの過程

時　期	内　容	場　所
6月（1カ月間）	事前オリエンテーション	シンガポール
7月（3週間）	サマーカンファレンス （1週間のオリエンテーション ＋2週間の集中講義）	MIT
8月〜	遠隔授業の受講開始	MIT→シンガポール
1月	シンポジウム開催	シンガポール
5月	学位授与	シンガポール

タッフがどのようにかかわっているのであろうか。MITの遠隔教育担当マネジャーであるユリタ・クザマウ氏（以下，ユリタ）の説明，提示資料，ウェブによる情報を集約したものが，図8.5ならびに図8.6である。

MITでSMAにかかわるのは，8名のSMA専任の事務，それに2名の大学教員からなる組織である。SMAに在籍する学生はMIT側には存在しないため，MITの教員による授業を遠隔で滞りなく送り届けることが主な仕事となる。

図8.5に沿って，具体的にそれぞれの役割分担を見てみよう。まず，代表の下には大きく分けて，遠隔教育をサポートする部署と，財政，イベント，カリキュラムを総括する部署がある。遠隔教育，教育課程，イベント，のそれぞれ3部門のマネジャーが実質的な中心となり，そこに大学教員のサポートを行うファカルティ・リエゾンが2名，教育課程ならびに行事担当の事務補佐が1名，それに財務担当補佐が1名つく。実際には，SMAのウェブ・デザイン，ビデオ管理，授業当日のカメラ操作（2名がずっとついている）といったいわゆる技術スタッフがかかわってくるが，こうした人員は，特別にSMAのために雇

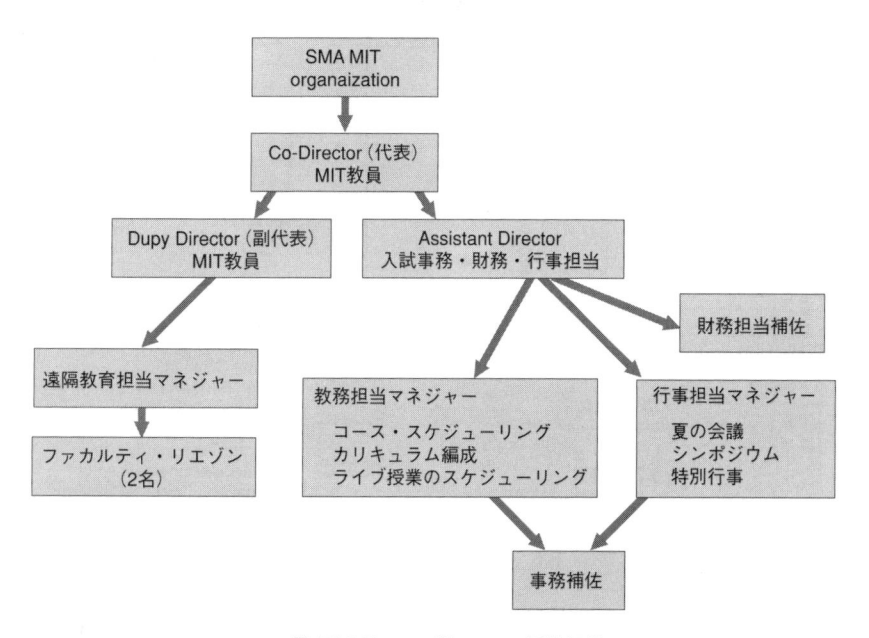

■ 図 **8.5** MIT側のSMA運営組織

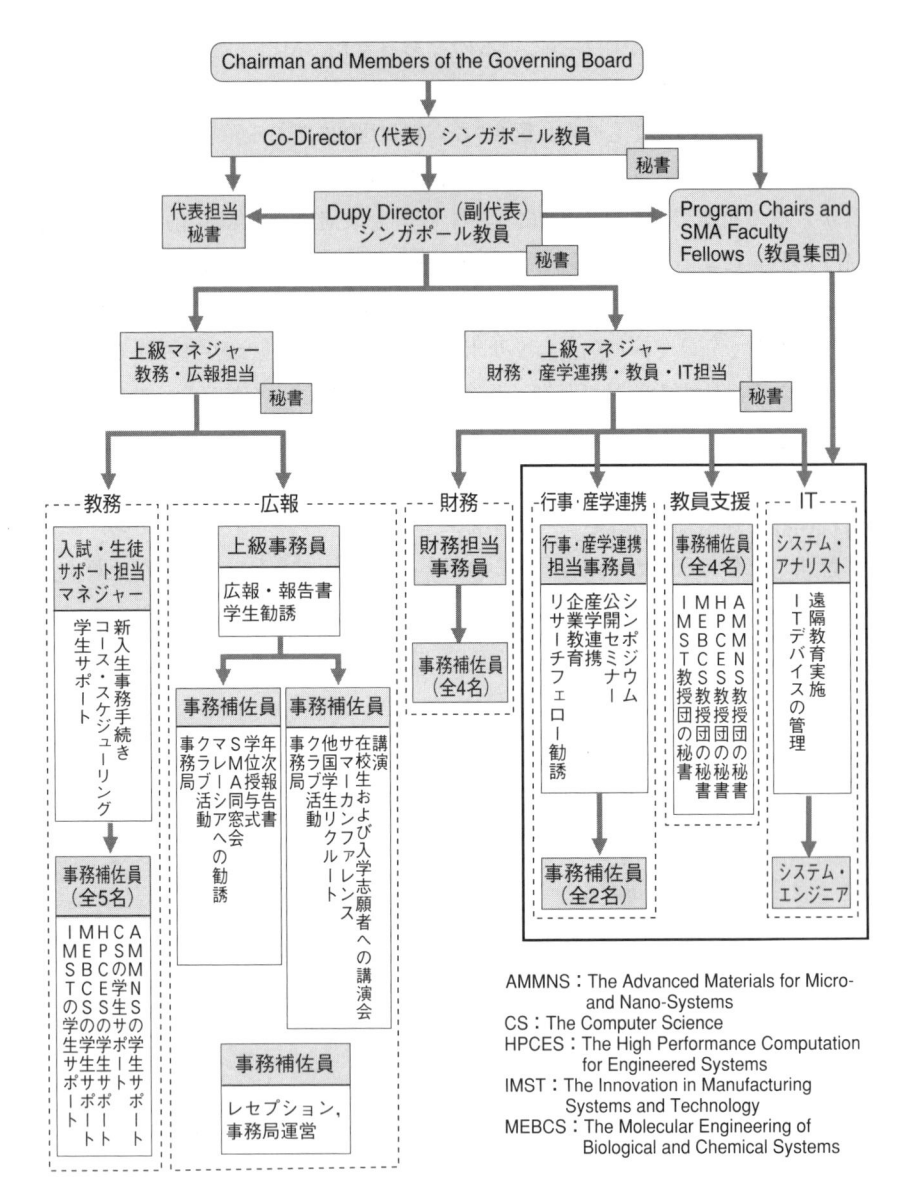

AMMNS：The Advanced Materials for Micro- and Nano-Systems
CS：The Computer Science
HPCES：The High Performance Computation for Engineered Systems
IMST：The Innovation in Manufacturing Systems and Technology
MEBCS：The Molecular Engineering of Biological and Chemical Systems

図 **8.6** シンガポール側のSMA運営組織

用された人員ではないため，図には含まれていない。

　一方，シンガポール側の組織図を見ると，一見して非常に多くのスタッフがかかわっていることがわかる。これは，学生がシンガポールに在住するため，そうした学生サポートが含まれてくること，またSMAで学ぶ学生を勧誘するため，マレーシア，中国，インドなどにリクルートにいく仕事が含まれること，シンポジウムや年次報告書などの作成もシンガポールで行っていることによる。

　図8.6を詳しく見てみよう。教員がつとめる代表，副代表の下に2人の上級マネジャーがおかれ，それぞれ「教務・広報」「財務・産学連携・教員・IT」を担当している。「学ぶ側のサポート」と「教える側のサポート」に分けられていると思えばよいであろう。その下には，6つの部署が配置されている。具体的にそれぞれの仕事内容を見てみよう。学生担当の部署である教務では，とりまとめ役の下に各コースに1名ずつの事務補佐が割り当てられ，学生サポートにあたっている。広報担当部署には4名の事務が割り当てられ，年次報告書の作成にかかわる事務を担当するほか，夏の会議のプログラム設定，SMA同窓会の事務局，クラブ活動，他国へのリクルート活動などを実施している。財務担当部署では，1名の代表と4名の事務補佐によって予算の管理を含めた財務関連の仕事がこなされている。行事・産学連携担当部署では，SMAが行う知的財産の一般公開や，企業教育，シンポジウムや特別講演などにかかわる事務を担当している。プログラムと呼ばれる教員支援部署では，コースごとにそれぞれ事務補佐がつき，大学教員の秘書業務を行う。とくに，SMA関連でシンガポールの教授がMITに出張することが多いため，そうした手配もこれら事務補佐の仕事となるということであった。最後にIT担当部署では，遠隔教育とサーバー管理，学生データベースなどをシステム・アナリストとシステム・エンジニアの2人が担当して行っている。

　多様な仕事内容が考えられるとはいえ，ここまでの手厚い人員配置があることに驚かされるが，ここにはシンガポール政府の並々ならぬ期待が見える。本プロジェクトのMIT副代表にあたるスティーブン・R・ラーマン氏によると，このプロジェクトはシンガポールが国家を挙げて後押ししており，莫大な予算がつぎ込まれているという。シンガポールからMITに支払われる金額は年間

2000万ドルにものぼるが、シンガポール政府はそれ以外に、シンガポール側のスタッフの給料のみならず、在籍する学生たちの学費、生活費、2度にわたるMITへの渡航費に至るまでのすべての費用も負担しているそうである。学生の35％から40％がシンガポール人、残りは中国・マレー人などであり、非常に人気が高いということであったが、それも納得できるほどの厚待遇ぶりである。

　この背景には、国土が小さく、独自の資源をもたないシンガポールという国の生き残りをかけた国家政策がある。資源は「人材」とそれに伴う「知識」にあると考えたシンガポール政府は、「授業の質と、ファカルティの質の高い」MITを選び、アライアンスの提携をもちかけたという。シンガポールという国に、近隣諸国の優秀な人材を集め、卒業後もシンガポール国内にとどまってもらうことが目的なのである。シンガポール政府にしてみれば、「シンガポールにいながらにしてMITの学位が取得できる」といったことを売り文句にして近隣諸国へのリクルートを行いたいところであろうが、現在のところは、学位は、シンガポールの両大学から発行され、MITからは修了証のみが出される仕組みになっている。しかし、これまでの経験でシンガポールの学生がMITの学位に十分値する成果をだしてきたことから、SMA2、すなわち次プロジェクトでは、遠隔教育によってMITの学位が取得できるようになる。これに参加する学生はMITの学位と、シンガポールの学位の両方を取得可能になる、というわけである。ただし、MITには、学位取得にあたっては最低でも1セメスタは、MITキャンパスにおいて学習することが義務づけられているため、実現すると上記の組織図は変わるだろう、とのことであった。

シンガポール−MITアライアンスにおけるファカルティ・リエゾン

　シンガポール−MITアライアンスにおけるファカルティ・リエゾンの役割を見てみよう。先のOCWにおけるファカルティ・リエゾンの役割が、主にウェブ構築のための「素材収集」であるのに対して、こちらのファカルティ・リエゾンの主たる役割は、大学教員が「遠隔授業を行う」ためのサポートとなる。当然、大学教員によって要求は異なってくるため、オーダーメイドのサービスを行うことが求められる。この職にはコンピュータに関する知識、遠隔教育全

般に関する知識を有するインストラクショナル・デザインの知識を有する者が雇用されている。彼らの仕事内容はユリタによると，以下の4点となる。

（1） ファカルティ・サポート
- 遠隔教育の導入（個々のニーズに応じたオリエンテーション，迅速な技術支援，必要に応じたトレーニングの提供）
- 遠隔教育ハンドブックの作成（プログラム・ポリシー，テレビ会議利用マニュアル，コース・マネジメント・システム利用マニュアル）
- 大学教員と技術スタッフとの仲介
- 大学教員の満足度調査

（2） コース・サポート
- 大学教員と生徒のコミュニケーションの促進（学生の座席表の整備やコース・リストのメンテナンスなど）
- 生徒に対するAthena（ワークステーション）のトレーニングの企画・実施

（3） ジェネラル・サポート
- ヘルプデスクに来るメールや電話の処理
- 各種の事務問題の処理
- ユーザーの視点によるテクノロジーの評価（新しいテクノロジーの評価，ユーザビリティの評価と報告）
- 授業に必要な機器やソフトウエアが正常に機能しているかどうかのモニタリング
- SMAオフィスのネットワーク，コンピュータの管理

（4） 遠隔教育の推進
- ホームビデオ・カンファレンス（後述）のためのサポート
- SMAのファカルティに対する新しいテクノロジーのデモンストレーション
- 来客やビジネス・パートナへの外部対応

このように，仕事内容は多岐にわたっているが，いくつかのエピソードで具体的な様子を見てみよう。ファカルティ・サポートについては，授業が始まる前に丁寧な説明書を手渡すだけではなく，授業が軌道にのるまではファカルテ

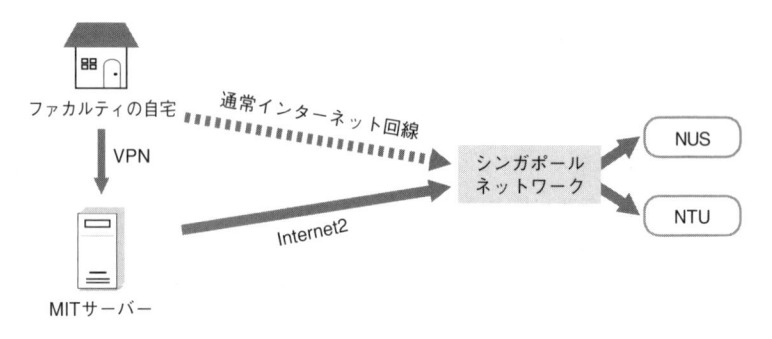

■ 図 8.7 ホームビデオ・カンファレンス・イニシアチブ

ィ・リエゾンが実際に授業の開始時刻前に教室に行って直接に大学教員のサポートを行う（繰り返しになるが，送信のためのビデオ撮影を行う技術スタッフは別に2名が常駐している）。また，たとえば「その資料ではシンガポール側の学生には見えない」といった教材に対するアドバイスをするのもファカルティ・リエゾンの役割である。遠隔教育推進におけるホームビデオ・カンファレンスとは，ファカルティが自宅から直接SMAに参加するための新しい試みである（図8.7）。授業は特別教室のみで行われ，大学教員の自宅から実施されることはないが，授業以外のコミュニケーションのために，MITにはポリコム社製のテレビ会議システムを用いた専用教室が3つ設けられている。ここでは，先述した事務同士の連絡や会議以外に，大学教員同士の研究会議や，MIT教授と学生とのミーティングなどが行われる。品質や使い勝手などは非常に良いのだが，問題は12時間もあるシンガポールとMITの時差である。これまでは，授業終了後の夜10時から実施されていたが，MITにいなければならないという場所の制約は不便であった。そこで大学教員がなんとか自宅からシンガポールにつなぐことができないかと，商用回線で試したものの，通信状況が悪く，使い物にならなかった，という。そこで，ファカルティ・リエゾンの支援のもと，新たに大学教員の自宅とMITをVPN（バーチャル・プライベート・ネットワーク）で接続し，そこからInternet2（インターネット高速回線）を通してシンガポールとテレビ会議を行う方法が試みられているのである。

このようにファカルティ・リエゾンには，コンピュータの知識は必要不可欠

である。48名のMIT教授のサポートを2人で行うため，非常に忙しい職種である，とのことであった。

4 スペシャリストをどこで育てるのか

　以上見てきたのはごく限られた事例である。あるいは特殊な事例といえるかもしれない。たとえば，SMAのように多人数のスタッフを配置できることは理想的ではあるが，現実的には日本に限らず，どこの大学においてもなかなか難しい。しかし，これらの事例からわれわれは，eラーニングという新しい教育の営みのかたちが，いかに多くのスペシャリストを要するものかに気づかされる。

　教員は脚本家であり，大道具，小道具であり，演出家であり，俳優でもある，とその職務内容の多様性をたとえられることがある。しかし，これまで大学教員が1人で行ってきた授業という営みは，それをウェブに「のせかえた」途端に，細分化され，多くの人手を要する複雑な，高度に専門性が求められる営みであったことがあらわになる。どこまでを1人で兼任すべきかは，それぞれの大学の「事情」によって異なるだろうが，eラーニングにはこれまでの教育環境には存在しなかった新しいスペシャリストたちが必要になることだけは確かである。そして，多くのスペシャリストによってチームが組織されるがゆえに，そこにまとめ役・調整役の必要性が生み出されるわけである。それはちょうど，テレビ番組制作などの，専門性をもったスペシャリストたちの協同作業によって生み出される事業に，スペシャリストをコーディネートする役割である「デスク」といった役職が必要であるのと同様のことである。

　ニューヨーク大学が1度eラーニングに失敗した原因を，ニューヨーク大学のアンは「ビジネス・ストラクチャがないままにスタートしたため，組織として，運営できていなかった。eラーニングを安易に考えすぎていたのだ」と分析する。かつての組織では，「教材制作に対して専門的知識と技能のない教員が何人かいて，彼らの影響力が強く，彼らがこういうやり方でやる，と決めたら内容の善し悪しが吟味されることなく，そのまま教材として開発されてしまう」ということが頻繁に起こったそうだ。また，「大学教員や制作部門をマネ

ジメントすることができず，期日は遅れ，できあがったプログラムの質も低いことが多かった」という。こういった失敗例は身につまされるものがある。それは他人事ではない。専門性をもった責任あるポジションが用意されていない場合にはよほど注意しない限り，頻繁に起こり得る現実である。

問題は，教育内容のスペシャリストとしての役割を教員が担うのは自明であるとして，それ以外の役割を誰が担っていくのかということである。筆者らがインタビューを行った大学に関して言えば，eラーニングを中核で動かしているのは，全員がアドミニストレーティブ・スタッフと呼ばれる事務職員であった。ファカルティと呼ばれる教員集団は，「教育」と「研究」のプロとしてとらえられており，事務を取り仕切るプロである事務職員との仕事の間には明確な線引きがなされている。彼らはアドバイザ業務や重要な意思決定には積極的に関与するが，日々のルーティンワークや，そのマネジメント，また細かい開発には関与しない。一方，スペシャリストとしての事務職員の役割分担も明確であり，その役割に見合った人材が，それぞれのプロジェクトのために大学に雇用されている。たとえば，OCWのファカルティ・リエゾンであるタマラは，大学院修了後，いわゆるドットコム企業に就職した経験を買われている。SMAの遠隔教育マネジャーであるユリタは，かつてテレビ会議システム最大手の企業でマーケティング・マネジャーとして活躍していた。ニューヨーク大学のアンは，ニューヨーク大学に雇用される前は，あるバーチャル・ユニバーシティにおいてインストラクショナル・デザイナとして活躍していたということである。

インストラクショナル・デザイナとは，効果的な教材を開発するための手続き化された方法論を習得した人のことをいう。その方法論は，1970年後半から80年代に，さまざまな学習研究者によってモデルが提唱されて以来，発展し続けている。アメリカの大学院には，インストラクショナル・デザインを体系的に習得する修士課程プログラム，認定証プログラムが存在する。第二著者の中原が，学習研究者から耳にした話では，インストラクショナル・デザインを習得し，最初に大学等に勤務した場合，その給料は平均的に4万5000ドルから5万ドル前後ということらしい。

アメリカのように職の流動性が高いわけではないわが国において，こうした

スペシャリストをどのように確保していくかは困難な問題である。現実的な解を求めるならば，既存の大学事務職員をどのように再教育するかがeラーニングの導入における日本の最大の課題となっていくのではないだろうか。従来の国立大学に関していえば，いったん試験をパスした事務職員たちは，数年ごとに異なるさまざまな部署を回ることが多かった。そこで生み出された人材は，圧倒的多数のジェネラリストだと言えるかもしれない。彼らに対して，どのようなかたちで専門教育をふたたび行うか，それは大学院の修士課程なのか，それとも認定証プログラムのようなかたちで，実現可能なのか。あるいは，民間教育機関にまかせるのか。早急に解決策をたてる必要がある。

　IT化，そしてeラーニング導入による大学教育改革は，大学教員の質の向上なしにはあり得ない。確かに，ファカルティ・ディベロップメントは重要である。しかし，それに加えて，さまざまな専門性をもったアドミニストレーティブ・スタッフをどのように確保していくかがキーポイントとなっていくように思えてならない。本章筆頭著者の田口の在外研究先であるハーバード大学では，教育大学院に「大学事務」を育てるための修士プログラムがある。毎年多くの学生が大学運営に必要な組織運営・教育，歴史，財政，行政などの知識を身につけて，全米の大学へ戻っていき，大学運営に携わっている。教育学部で提供されるコースは，「新規教員のためのコース」や「経験のある教員のためのコース」，「校長になるためのコース」など具体的で実用的だ[5]。修士課程が「専門職育成のためのコース」として割り切られているのである。修士論文を書く必要がなく，9カ月で実践的な力と必要な知識を身につけ，次々と現場に戻っていく修士課程のあり方は，学問を志す研究者の第一歩としての日本のそれとは大きく異なっている。大学院がスペシャリストを育成する機関として機能している。

　「教える」教員とそれにかかわる「事務」をとり行う事務職員という二層構造で対応するには，高等教育の世界は今日，あまりにも複雑化しすぎている。同時に国立大学の独立行政法人化によって，大学運営も「経営」のセンスなしには立ち行かなくなっている。

　教員と事務との二層構造からあふれ出た雑多でかつ高度な専門性を必要とする仕事を誰が吸収していくのか。「言い出しっぺの先生が…」あるいは「気づ

いた人が良心的に」というかたちで対応していたのでは巨大企業のような欧米の大学を相手に国際競争で勝ち残っていくことは難しいのではないだろうか。

　求められているのは，ITを活用した教育に専門的見識のあるファカルティ，そして，実務を担当するスペシャリストたちである。そうした人材を有する組織を有する大学だけが，教育効果の高いeラーニング・サイトを構築し，安定的に運営していくことができる。

（田口真奈・中原　淳）

備　考
　本章執筆にあたり，一部原稿をチェックしていただいたMIT宮川繁教授ならびにインタビューにご協力いただいた関係者各位に感謝いたします。

注
1　Centraのウェブページ：http://www.centra.com/
2　MITのオープンコースウエア：http://ocw.mit.edu/index.html
3　スティーブン・R・ラーマン，宮川繁（2002）「MITオープン・コースウェア・プロジェクトにおける決断とチャレンジ」『IDE現代の高等教育』No. 440, pp. 55-62.
4　シンガポール-MITアライアンス：http://web.mit.edu/sma/
5　ハーバード大学教育大学院教育課程：http://www.gse.harvard.edu/academics.html

第IV部

キーワードの検証──成功の条件

9 技術・コスト・教育効果とその先にあるもの

1 なぜ技術・コスト・教育効果なのか

　大学においても各種の教育活動にITを利用するという意味でのIT化は確実に進んでいるのに対し，教育をITで配信するeラーニングはあまり進んではいない。わが国の大学とITの関連を概観した第1章では，そうしたことが明らかになった。それでは，先行モデルのないところでeラーニングを単位認定する授業として実施している大学は，なぜ，それが可能なのだろうか。それを可能にする秘訣を探ろうというのが本書の意図であり，秘訣を探る鍵が「技術・コスト・教育効果」であった。

　eラーニングを開始する際に，まず，IT関連のインフラ，コンテンツ作成や配信のためのハードウェア，コンテンツを構成するソフトウェアなどが必要である。それらがどの程度のスペックなのか，あるいは，それにかかわる人がどのような特殊技術をもたねばならないのかなどを，ここでは「技術」と総称した。なぜ，そのようなことを問題にしたかといえば，高度な実験ではなく，実用のレベルではどの程度のものを用意すればeラーニングができるかの目安を知るためである。実験であれば最先端の技術やシステムを用い，失敗はつき物として許される。しかし，日常的な教育営為になれば，一定の規模の学生を対象にし，そうそうの失敗は許されない。したがって，汎用性があり，安定的なシステムでもって整備され，万が一，問題が生じた場合にどのように解決するかの方法が用意されていることが必須であるが，それが現状ではどのレベルにあるのかを確認しておくことに，技術を問う意味がある。

　そして，それは，次の鍵である「コスト」の問題ともかかわってくる。eラ

ーニングは，高くつくのか安くつくのかは，大学経営上，避けては通ることのできない問題である。アメリカでは高々とファンファーレを鳴らしてeラーニング事業に乗り出したが，採算がとれずに早々に撤退した大学がいくつもある。また，IT化が進むとコストがかさみ，それが大学財政を圧迫しているという調査結果も報告されている。コストには，システムの購入のための初期費用だけでなく，そのメンテナンス費用や更新費用も含まれ，さらに，そのために配置する人にかかる人件費もある。日本ではeラーニングにどのくらいのコストをかけているのか，費用の調達はどのようにしてなされ，採算の問題はどのように考えられているのかを明らかにしておくことは，eラーニングに関心をもつ他の多くの大学にとっては，おおいに気になるところであろう。それとともに，わが国の大学全体において，今後どの程度eラーニングが普及していくかを考える上でも重要である。

　最後の「教育効果」は，コストに対する効果と，対面授業と比較しての効果との両方の意味をもつ。eラーニングの実施にかけたさまざまなコストに対する見返りは，何よりも，教育上の効果として現れることが，「教育」という事象には求められるが，それが考えられているのか，実際に，それを測定しているのかを，確認しておく必要がある。アメリカの場合，eラーニングは，遠隔教育の延長線上に始まった。遠隔教育は，教室での教育機会を享受できない層を対象にしているため，eラーニングによってさらに教育の機会が拡大し，それまでの遠隔教育よりもより便利になれば，それで一定の効果があがったとみなされる節がある。しかし，遠隔教育の伝統があまりなく，かつ，18歳から21歳のフルタイム学生に対する対面教育を基本とする日本の大学では，eラーニングは対面教育と同等の教育効果をもつか否かが問われるのであり，その基準は厳しいものとなる。学生の達成度なのか，満足度なのか，あるいは，学習過程における学習の深化か，教育の効果をどのようにとらえているのか，とらえようとしているのかを検討したい。

　ところで，ここでは，eラーニングを導入したがために，大学の収入が増加したという意味での便益は問うていない。それは，eラーニングを営利目的の事業として開始した大学は，日本の場合，まずないだろうと判断したからにほかならない。しかし，大学も経営と無縁ではいられなくなる今後は，考慮すべ

き点かもしれない。

2 技術・コスト・教育効果の検証

　さて，これらのキーワードを事例から検証しよう。まず，技術だが，eラーニング配信のためのハードウェアは，最も数多く使用している青山学院大学の場合でもコンピュータが8台，それ以外はほとんどが1〜2台で実施している。汎用性の点からLinuxやWindowsが利用されており，ハードの選定に関してはあまり悩む必要はない。

　問題は，ソフトウェアである。市販のものを利用するのか，企業との連携で製品をカスタマイズするか，独自に開発するのか，とりうる方法は3つあるが，市販のものを利用した玉川大学，企業の連携で製品をカスタマイズした東北大学，佐賀大学，青山学院大学，独自開発した東京大学と分かれるが，それは，予算，対象規模，ウェブに搭載したい機能，実践するeラーニングに研究の意味合いをもたせるかなどが変数となって，それらの関係の最適解を求めることによって決まっているように見える。ここで提示した変数のうち，実践に研究の意味をもたせるかに関しては，東京大学や青山学院大学のようにそれが可能な機関はさほど多くはない。また，玉川大学のように全学的に実施するためには汎用性のあるソフトウェアが効率的だが，使い勝手の良さを追求するならば企業との連携によるカスタマイズという方法をとった東北大学や佐賀大学に倣うということになるだろう。

　また，教材作成の部分を講義担当の教員に依存することが多い日本の場合，すなわち，教材作成のスペシャリストが学内に配置されているとは限らないため，eラーニング・コースの作成に関して教員がある程度のスキルを習得することが求められるような状況においては，誰でもが容易に使えるソフトウェアを選定しておくことも重要な要素だろう。

　次にコストの問題であるが，当初，これが大きな障害になっているだろうことを予想していた。なぜなら，全国調査によればITの利用に関する障害として機器設備の導入費用や維持費用をあげる機関の比率は，毎年最も多く，「金食い虫」としてのITの姿を浮き彫りにしてきたからである。しかし，意に反

しコストは削ろうと思えば削れるものだということを東京大学や佐賀大学の事例は教えてくれた。ただ，東京大学の場合，現在のランニング・コストは1時間2万円だが，ソフト開発を共同研究として行ったことによる人件費などは隠れたコストとして存在している。それと同様に，佐賀大学の場合も，予算のないなかで手弁当の無償労働が運用のレベルでも存在している。

また，運用の維持管理にあたって，大学からの人的支援は，とくに，国立の場合は，ないのが通常であった。それは予算の有無とは別の問題があった。eラーニングを実施するとき必要になるのは，教員のもつ教育内容をウェブに効果的に再現するインストラクショナル・デザイナや，学生の学習支援をするメンターなどの支援者であるが，そうした人材は払底している上に，その役割を果たすことのできる人材を雇用するポジションが大学内にはなかったのである。したがって，それを補っているのが大学院生のアルバイトという実態がある。全学規模で予算化され，そのための組織が設けられている東北大学の場合でも，技術職員や事務職員の配置はなく，支援業務は大学院生に依存している。

玉川大学の場合は，全学的に実施する体制があるためか，スペシャリストによる支援体制があるが，こうした体制があるために，LearningSpaceの導入にはじまり，その後，各種の調査を踏まえてWebCTかBlackBoardかを慎重に選択していったという過程を経ることができたのであろう。

また，研究プロジェクトの一環として，研究資金の裏づけがある青山学院大学の場合，システムの保守管理，インストラクショナル・デザイン，サーバー管理などに6名が，民間企業からの配置によって，それ以外にも，大学院生をアルバイトとして15名雇用しているが，この体制は他に類を見ない。これはとりもなおさず，ある程度潤沢な資金があってコストの問題に汲々としなくてもすむのであれば，この程度の準用が必要だということを示している。

これらの事例からは，eラーニングに実施にあたって一概に必要なコストは決まっていないということが明らかになる。表面に計上されない隠れたコストでまかなう方法もありうるが，それとは逆に，かけようと思えば際限なく膨張していくコストという側面もあるのだ。

最後に教育効果の検証だが，それはeラーニングに何を期待するか，各大学

の状況によって効果とするものも異なっているのが現状のようである。学習機会を確保できない社会人を対象にした東京大学は，欠席にせざるを得なかった授業をオンデマンドで視聴できることが最大のメリットであり，授業へのコメントを書かねばならないことで自分の理解度を自ら測定し，インターネット上のディスカッションによって，思考を深めることができるといった点に効果を認めることができるだろう。

　玉川大学では，講義中心の対面教育から脱して，学生が主体的に学習することを目的としてeラーニングを開始したという経緯があり，対面授業とeラーニングとを組み合わせたブレンディッド・ラーニングを中心としている。その点に関する学生の自己評価は高く，目的は達成されているようである。

　研究プロジェクトの一環として始まった青山学院大学の場合は，当初から教育の質を多面的に評価することは目的として組み込まれていた。したがって，それを意図して作成されたコンテンツに対してはおおむね高い評価が与えられている。

　佐賀大学の場合は，登録学生の授業評価は年次を重ねるにつれ，また，ブレンディッド・ラーニングとして一部対面授業を取り入れたほうが評価は高くなっており，工夫を重ねた結果が直截に現れている。また，生涯学習として提供しているeラーニングに対しては，さらに高い評価が付与されている。eラーニングがもつ効果が対象や方法によって異なるものであることを如実に表しており興味深い。

　東北大学は，今後の評価結果が期待されるが，教育・学習機会の拡大，対面授業と同等の効果にとどまらず，学習というものの意味を変容させる可能性が指摘されている点は興味深い。教育・学習機会の拡大，対面授業と同等の教育効果をメリットとしているうちは，それはeラーングの代替機能に効果を見出しているにすぎない。対面授業よりもeラーニングにすると効果があがるもの，対面授業では想定し得なかった新たな機能などが，eラーニングの実践の中で蓄積されていったとき，遠隔教育の延長や対面授業の代替ではないeラーニングとなるのだろう。

　いずれにせよ，単位認定するeラーニングとなると，その質の保証が問われることは必然であり，何をもって質の保証がなされているというのか，それを

十分に考慮することが求められよう。今後、より一層アカウンタビリティが問われるだろうが、そのとき、コストをかけたために成果が得られたという証拠が必要なのは当然のことだが、その逆に、「安かろう・悪かろう」では済まされなくなるだろうことが懸念される。すなわち、コストをかければ成果が出て当然、コストをかけていなくても一定の成果が出ない場合は批難される状況が出てくるおそれがある。ある成果をあげるためには、それ相当のコストがかかることを実証していくことが求められよう。

　なぜ、これらの機関で単位認定したeラーニングが可能になっているかという問いに対しては、ここで検証した3つの変数からなる方程式に対して、それぞれに解を導き出しているという回答が提示できる。限られた予算で目的を達成しようとした佐賀大学や東京大学、研究プロジェクトの一環としてある程度の資金を投入して試行錯誤が可能な青山学院大学、全学的な体制のもとに実施した玉川大学や東北大学、本書で明らかになったのは、これらのパタンであるが、それ以外の方法もありうることだろう。きわめて単純な回答であり、回答になっていないが、機関の目的と投入できる予算から、どれだけの効果を得ようとするか、これが実験ではなく実践とするための第1条件だろう。

3　日本のeラーニングの特徴

　わずか5大学の事例だが、そこから日本のeラーニングに共通した特徴と思える姿が何点か浮かび上がってくる。
　まず、多くが教室の講義を収録したものを、ビデオ・ストリーミングで配信する形態のeラーニングを採用していることである。すなわち、講義型のeラーニングが主流になっている点に特徴がある。その対極にあるのは、文字と静止画を中心に構成された形態であり、これを印刷教材型のeラーニングと呼ぶことができる。
　なぜ、講義型が多いのかに関しては3つの理由が考えられる。第1は、それが最も簡便でコストをかけない方法だからである。録画した講義をインターネットにアップロードするシステムを構築すれば、あとは、単純に言えば、講義を録画すればeラーニング授業が作成される。また、キャンパスをもつ大学が

フルタイムの学生を対象にしてeラーニングを実施するという状況の中では，教室の授業とは異なった印刷教材を利用した自学自習方式による遠隔教育という発想があまりなかったのかもしれない。

それに関連する次の理由は，わが国に印刷教材型のコンテンツを作成するインストラクショナル・デザイナなどのスペシャリストがあまりいないことによる。教員自身が，ウェブ上の教材を作成することは労力の点でもスキルの点でもさほど容易なことではない。それを効果的に作成するのが，スペシャリストであるが，そうした人材を養成する仕組みも雇用するポジションも日本の大学は欠いていた。したがって，教員の講義をビデオ・ストリーミングで配信するという方法をとらざるを得なかったという側面がある。

第3の理由は，日本がeラーニングに進出した現在，ブロードバンド環境が整備され，音声や映像を受け取ることが容易になったことも一因だろう。電話回線を利用してインターネットに接続する中でeラーニングを実施していた1990年代後半のアメリカでは，テキストを中心に作成せざるを得なかった。eラーニングの開始時期が遅れたために，そうした過程を経ることなく，ビデオ・ストリーミングによる講義型eラーニングを採用したのが日本なのであった。

また，単位認定したeラーニング授業を実施しているこれらの事例でも，すべての授業をオンラインというよりは対面授業との組み合わせによるブレンディッド・ラーニングや，対面授業の補完として利用されているものが多いことが特徴である。玉川大学は当初からそれを意図し，それ以外のケースも実質的には，教室での受講と教室外の受講によって単位取得している学生が多いようである。

メディア教育開発センターが2003年に実施した「eラーニングに関する実態調査」でも，単位認定している88のeラーニング授業科目のうち，15回の授業すべてを遠隔地で受講して単位認定されるものは35科目にすぎない[1]。それは，とりもなおさず，わが国のeラーニングが遠隔教育の延長で行われているものが少ないことを示している。さらにいえば，eラーニングによって新たな学生層——その典型は社会人であるが——を取り込むことによる学生の確保は，必ずしも意図されていないことを示すものでもある。

ただ，ブレンディッド・ラーニングそのものは，すべてがオンラインで行われるeラーニングよりも教育効果が高いという調査結果もあり，eラーニングの一つのあり方だともいわれている。eラーニングを遠隔教育として実施する契機に乏しいという条件が，奇しくもブレンディッド・ラーニングとして先取りしているのが日本なのかもしれない。ブレンディッド・ラーニングの有効性や効果的な組み合わせ方について，もっと検証されてもよいのかもしれない。

　また，ディスカッションを重ねることに日本の学生は慣れていないということが，東京大学の事例で指摘されていたが，ほかでも同様のことは多く耳にする。もし，こうした社会や文化の文脈に依存した議論が正当性をもちうるのであれば，コミュニケーションのツールとしてインターネットの双方向性は，わが国ではどこまで効用をもつのかを検討していくことも必要になってくるだろう。

4　経営戦略としてのeラーニング

　eラーニングを成功させる条件を探ることとともに，eラーニングが普及しない要因を事例から探っていくことも，本書の隠されたもう一つのねらいであった。それについては，各大学においてeラーニングの遂行にとって支障となっている要因を取り上げるとある方向が見えてくる。

　まず第1に，多くの大学が示唆しているのが，教員の無理解や協力体制の欠如である。自分の講義がビデオ録画されて不特定多数の人間に視聴されるという事態そのものに教員が不慣れである上に，そのための資料の作成など余分な労力がかかることになれば，拒否反応を示す教員は多いに違いない。東京大学が講義資料の作成を必ずしも要求せず，黒板に書いた文字を講義と同画面で撮影するのは，協力教員を増やすための努力であるし，東北大学が全学的な体制で臨んでも教員の協力を取りつけるのが容易でないという状況も，すべて根は同じである。これら教員の意識の問題は，世代交代が進みeラーニングに理解を示す一定層がクリティカル・マスとして成立すれば雪崩現象となるだろうが，当分はこれがeラーニング推進のネックになるであろう。それは講義型eラーニングとして教室での講義を撮影されるだけの場合でも，新たな教材作成

の負荷が生じる印刷教材型 e ラーニングの場合でも同様だろう。e ラーニング参加者の他の負担を軽減する，ないし，参加者に特別の資金援助をするなどを組織として実施している機関は，アメリカでは比較的よく行われているものである。教員の負荷を増大させないための対処を考慮するのは一つの解かもしれない。

　第 2 に，教員の理解が進まないことの原因ともなるのが，コンテンツ作成の支援の問題である。インストラクショナル・デザイナの役割を，現有勢力のうち誰が担当するか，あるいは，新たに配置するかという問題である。確かに，インストラクショナル・デザイナとしての教育を受けた専門職が少ない状況では，新たな配置は容易ではないが，もし，e ラーニングのコンテンツとして一定の質を担保しようとするならば，それに関する知識とスキルをもった者の配置が欠かせなくなるだろう。

　アメリカの支援体制を分析した 8 章は，教員は何をすればよいのか，各種の支援者の役割は何かを明確に説明している。そこからは，教員とインストラクショナル・デザイナの間にさらに多くの支援者がいて初めて，安定的・継続的に e ラーニングが実施されるものであることがわかる。職務の内容や範囲が明確に規定され，職場間の人の流動性が確保されているアメリカ社会のモデルをそのまま日本に移植することは無理があるとしても，間をつなぐ人の存在は大きい。まだ，日本は，第 1 世代のパイオニアが先導して e ラーニングを実施している段階であるが，こうした属人的な方法は，第 2 世代，第 3 世代になって継続していくことには無理があろう。

　第 3 が，大学全体の IT 化やそのための学内体制の構築という観点が弱いことである。インターネット技術は，e ラーニングとしての授業の配信にとどまるものではないことを，7 章の「e ラーニングを支えるテクノロジー」は教えてくれる。教育の提供から学習環境の充実へと視点の転換があれば，学習者は配信される授業を受けることと，自分で図書館その他の多様な学習資源へアクセスして情報を得ることと，自分の学習履歴を統括的に管理することなどがすべて 1 つのコンピュータ上で簡便にできるのである。そのためには，学内外の他の学習資源をどうネットワーク化していくか，大学のウェブサイトにどのような機能をもたせるかなどには，大学全体として IT をどう位置づけていくか

ポリシーが必要になる。

　また，大学の管理運営をIT化すると，組織の意思決定過程が速くなり，組織がフラットになっていく例は多く報告されている。たとえば，連絡事項を関係者に一斉に伝達することができる電子メールは，階層の順を追って決済をとるという方法は必要なくなり，物品の購入をウェブを介して行えば，納入が早くなるだけでなく廉価に購入できるようになる[2]。

　実践としてのeラーニングが定着するためには，組織の人的構成，組織の意思決定過程などの再考が必要であり，大学の経営戦略の問題となるのである。

　それでは，わが国の大学はITに関しどのような学内ポリシーをもち，ITに関する学内環境をどの程度整備しているのだろうか。全国の大学を調査した結果を見ると[3]，「ネットワーク・セキュリティ」（65.9％）や「機器・設備」（57.6％）に関しては60～70％の大学がポリシーをもち，「コンピュータ・ネットワーク環境」が整備されているとする大学は97％に達している。しかし，そのインフラのもとに「ITの教育利用」方針を策定しているところは49.7％と半数，「遠隔教育」になると30.2％，「学生層開拓を目的としたIT戦略」に至っては14.4％の大学がポリシーをもっているにすぎない。そして，「eラーニングのための支援体制」が整備されている機関は21.4％であり，このうち「とても整備されている」のは3.3％でしかない。

　事例を見てきた読者にとっては，この結果そのものは，さほど驚くほどのものではないだろう。eラーニングを実践している各機関ですら，eラーニングのための支援体制は十分ではなかったからだ。ITやeラーニングが大学経営上の戦略として位置づくのは，当分先のようだ。

5　eラーニングのグランド・デザイン

　実践としてのeラーニングが定着する可能性をさぐってきた本書であるが，キーワードの条件に配慮し，現状の問題点をクリアした暁には，eラーニングが定着するのだろうか。その問いに答える前に，日本の特徴として取り上げた点や，問題として指摘した点は，いずれも暗黙のうちにeラーニングをいち早く先行させたアメリカとの比較を念頭においていることを言わねばならない。

eラーニングを実践している事例を検討したとき，それらをアメリカと比較したとき，いくつかの成功条件が導かれたのであって，その逆に，条件を備えればeラーニングの実践がうまくいくかは必ずしも検証されたわけではない。その意味で，これはまだ仮説の段階にすぎないといえなくもない。

それに，eラーニングに関してアメリカとの比較で思考回路を働かせても，教育制度や教育システムが多分に社会的な文脈を前提として成り立っている歴史を考えれば，日本のeラーニングがアメリカのそれと同じようになることにも疑問が呈されるし，他方で，アメリカ標準でグローバル化が進んでいる状況を考えれば，インターネットはそれを一層進展させる牽引車になるかもしれない。したがって，現在の延長線上にわが国のeラーニングの将来像を見ることができないのである。

eラーニングをめぐっては，得てして，「日本は遅れている。追いつかねば」という議論が先導しがちであり，アメリカをモデルにしようという風潮が強い。しかし，本当に必要なのは，片目でアメリカを見るにせよ，「この先の将来を見据えたとき，われわれはどうしたいのか。そのために，今，何をしたらよいのか」という視点にたっての議論をすることである。そうした議論にもとづいてグランド・デザインを描くことが求められるだろう。この先，現実をありのままに見た本書が，その一助になればと思う次第である。

(吉田　文)

■注■
1　メディア教育開発センター (2003) 「eラーングに関する実態調査」
2　吉田文 (2004) 「IT化時代の教育・研究」『大学研究』第30号，筑波大学大学研究センター，pp. 115-144.
3　メディア教育開発センター (2003) 「全国高等教育機関におけるIT利用実態調査概要」http://www.nime.ac.jp/~mana/project/Multimedia-Utilization/report_index.html

おわりに

　eラーニングで何ができるかを教えてくれる本はあっても，eラーニングで具体的に何をしているかを書いた本は，意外なほどに見つからない。しかも，日本の大学におけるeラーニングの詳細な実態になると，なおさらである。それでは，われわれで本を作ろう。こうして，本作りの作業は始まった。

　しかし，本を作る前に，もう一つのステップがあった。編者3人が勤務するメディア教育開発センターでは，高等教育機関の教職員を対象にした研修事業を行っている。その2003年度の事業の一つとして，まずは，企画したのである。eラーニングに興味をもっている大学関係者は比較的いるのだが，どのようにしたらeラーニングができるのか，どのように授業として成立させているのか，これら基本的な情報は実は決定的に不足している。そこで，すでにeラーニングを実施しているいくつかの大学の担当者に，講演というかたちで，それぞれの大学の詳細な情報を開示してもらおう。そして，そこでの質疑応答をふまえて原稿にしようと考えたのであった。

　事例として取り上げるのは，単位認定するeラーニング授業を行っている大学に絞ることにした。なぜなら，2001年よりeラーニングによる授業を単位認定することが可能になったからであり，授業とすることでとくに何が必要になるのかを明らかにしたかったからである。いくつかの候補があがった中で，最終的には東京大学，玉川大学，青山学院大学，佐賀大学，東北大学の5大学に講演をお願いすることにした。国立と私立，大規模と小規模，eラーニングの目的と方法などの点で，なるべくバラエティに富ませることを考慮した結果である。

　「オンライン・コースの手法と戦略」と題したこの研修事業は，6月東京大

学，7月玉川大学，8月青山学院大学，11月佐賀大学，3月東北大学の順で，午後3時間をあてて各大学の講演と研修参加者との質疑応答の形式で実施した。当初，募集人員を20名程度としてディスカッションを深めるワークショップ形式を考えていたのであるが，応募数が100名を超え，うれしい悲鳴を上げつつ会場を変更し，講演を基本にした形式とした。

　この研修事業で講演いただいた内容をもとにして，各大学に新たに書き下ろしていただいたのが，本書の2章から6章である。ただ，当初から本を作ろうという意図があったため，講演いただく内容にあらかじめ「注文」を出すことになった。それは，各大学が実施されているeラーニングを技術とコストと教育効果の3つをキーワードにして，大学組織という視点から分析的に組み立てて欲しいこと，「うまくいった」ということだけでなく問題点や課題を含めて欲しいことなどである。eラーニングの導入の可能性を探りたいと思っている人々が欲しい情報は上記のようなことなのだが，実は，これが一番得にくい情報である。なぜなら，客観的に測定することが困難であり，また，外部に出しにくい情報でもあるからだ。たとえば，コスト一つとっても，機器の購入費用はわかっても，すでに大学に雇用されている担当者の人件費はどうやって換算するのかと考えると，eラーニングのコストを具体的に数字で示すことは容易ではない。また，企業との共同で開発したソフトウェアなどを利用する場合，その具体的な経費は外部には公表しづらい。そこで，具体的な経費でなくても，ある程度類推できるように，機器設備の台数や実施にかかわっている人数などを明記することにした。

　最も困難なのは「教育効果」である。学生による授業評価などは比較的普及しているが，eラーニングの効果というと対面授業と比較して効果があるかという問いが必ずといってよいほど持ち出される。また，教育効果として何を測定したらよいのかという問題もある。したがって，何らかの効果にかかわる指標をもっていない大学には，何らかの指標を設定し，それを測定していただくことをお願いした。

　各大学には，さまざまなご苦労をおかけしてしまったことをおわび申し上げるとともに，快くご協力いただいたことにこの場を借りてお礼申し上げる次第である。

おわりに

　本章の7章と8章は，思わぬ副産物であった。執筆者の田口はハーバード大学，中原はMITとそれぞれが2004年度に長期在外研究の機会に恵まれたため，その機会を活かしてアメリカの実態調査を付加することにした。大学の組織という観点で3つのキーワードをあてたとき，日本で行っているeラーニングと何が異なるのかを明らかにすることを目的にした。その結果として，テクノロジーとスペシャリストという違いが見えてきたのである。

　本書の編集にあたっては，日本にいる吉田や各大学の執筆陣と，アメリカにいる田口や中原とは，インターネットを介してのやりとりとなった。インターネットは確実にわれわれの教育，学習，仕事のあり方を変えていることを感じながらの作業であった。そして，そのことに特段不便や不都合を感じないことも不思議といえば不思議であった。教育や学習という社会事象が，この先インターネットによってどのようなものになるのか，それは古来より続いてきた人間の営みとしての教育や学習に，本質的な変化をもたらすのか，われわれは，こうしたことを漠として考えているのであるが，これらの問いに答えを見出すためには，まだまだやることがたくさんありそうだ。本書は，そのほんの一つのステップである。

　最後に，本書の企画をいち早くお引き受けいただき，こうして形にしていただいた，東京電機大学出版局の植村八潮さんと松崎真理さんにお礼申し上げたい。

2005年2月

編者一同

〈編著者紹介〉

吉田 文（よしだ あや）

学　　歴　東京大学大学院教育学研究科博士課程修了（教育社会学）（1989年）

職　　歴　放送教育開発センター（現・メディア教育開発センター）助教授（1989～2002年），カリフォルニア大学バークレイ校客員研究員（1995～1997年），メディア教育開発センター教授（2002年～現在）

主要著書　『職業と選抜の歴史社会学』（世織書房，2004年），『アメリカ高等教育におけるeラーニング―日本への教訓』（東京電機大学出版局，2003年），『FDが大学教育を変える』（文葉社，2002年），『教養教育の系譜』（訳書，玉川大学出版部，1999年）ほか

田口 真奈（たぐち まな）

学　　歴　大阪大学大学院人間科学研究科博士課程修了，博士（人間科学）（1999年）

職　　歴　京都大学高等教育教授システム開発センター（現・京都大学高等教育研究開発推進センター）研修員（1999～2000年），メディア教育開発センター助手（2000～2003年），同助教授（2003年～現在），ハーバード大学デレッグボク教授学習センター客員研究員（2003～2004年）

主要共著書　『大学授業研究の構想―過去から未来へ』（東信堂，2002年），『大学生論―戦後大学生論の系譜をふまえて』（ナカニシヤ出版，2002年），『社会人大学院へ行こう』（NHK出版，2003年），『eラーニング・マネジメント』（オーム社，2003年）ほか

中原 淳（なかはら じゅん）

学　　歴　大阪大学大学院人間科学研究科博士課程中途退学（2001年），博士（人間科学）（2003年）

職　　歴　メディア教育開発センター助手（2001年～現在），マサチューセッツ工科大学客員研究員（2004年），東京大学大学院情報学環客員助手（2004年～現在）

主要共著書　『社会人大学院へ行こう』（NHK出版，2003年），『eラーニング・マネジメント』（オーム社，2003年），『マルチメディア表現と技術』（丸善，2003年），『ここからはじまる人材育成―ワークプレイスラーニング・デザイン入門』（中央経済社，2004年），『社会文化的アプローチの実際』（北大路書房，2004年）ほか

研究の詳細は http://www.nakahara-lab.net/

大学eラーニングの経営戦略　成功の条件

2005年3月20日　第1版1刷発行	編著者　吉田　　文
	田口　真奈
	中原　　淳
	学校法人　東京電機大学
	発行所　東京電機大学出版局
	代表者　加藤康太郎
	〒101-8457
	東京都千代田区神田錦町2-2
	振替口座　00160-5-71715
	電話　(03)5280-3433（営業）
	(03)5280-3422（編集）

組版	(有)編集室なるにあ	© Yoshida Aya,
印刷	新灯印刷(株)	Taguchi Mana,
製本	渡辺製本(株)	Nakahara Jun　2005
装丁	鎌田正志	Printed in Japan

＊無断で転載することを禁じます。
＊落丁・乱丁本はお取替えいたします。

ISBN4-501-53900-3　C3037

東京電機大学出版局 出版物ご案内

アメリカ高等教育におけるeラーニング
日本への教訓
吉田 文 著　A5判258頁
ITで日本の大学は生き残れるのか？ IT化が早くから広範に進み，eラーニングが最も普及しているアメリカの事例を取り上げ分析。ITが大学にもたらす功罪を明確にし，わが国への教訓を得る。

eラーニング導入ガイド
日本イーラーニングコンソシアム 編　A5判186頁
担当者がはじめに読みたいeラーニング導入と運用開始までの"コツ"。豊富な図表，事例紹介，コラム，用語集などにより立体的に理解できる。

情報デザインシリーズ
実践インストラクショナルデザイン
事例で学ぶ教育設計
清水康敬 監修／内田 実 著　B5変型160頁
インストラクショナルデザインの実践テキスト。eラーニングを中心とした新しい教材開発の事例をもとに，教育設計の理論や手順，行程の意味を詳解。開発者の実務への応用にも役立つ。

情報デザインシリーズ
インストラクショナルデザイン入門
マルチメディアにおける教育設計
ウィリアム W・リー 他著／清水康敬 監訳／日本イーラーニングコンソシアム訳　B5変型346頁
社会人教育・社内教育としてのeラーニングと，教育工学としての実践的学問インストラクショナルデザインがバランス良く学べるテキスト。

情報デザインシリーズ
情報デザイン原論
「ものごと」を形にするテンプレート
ロバートヤコブソン 編／篠原稔和 監訳／食野雅子 訳　B5変型316頁
ヒトにとっての「情報」の使いやすさを考える情報デザイン。その嚆矢となった本書は，理論・実践・スキルの視点からアプローチする。

情報デザインシリーズ
Webサイトスタイルガイド
サイト構築のための基礎と原則
パトリック・J・リンチ 他著／篠原稔和 監訳／石田優子 訳　B5変型256頁
良質のWebサイトからコンセプトやデザインを具体的に挙げ，基本設計から文字・グラフィック・アクセシビリティまで考える。

情報デザインシリーズ
マルチメディア&ハイパーテキスト原論
インターネット理解のための基礎理論
ヤコブ・ニールセン 著／篠原稔和 監訳
B5変型432頁
ハイパーテキストシステム概念に至るまでの変遷と，アプリケーション，内部構造，ハードウェアとインタフェースなどを専門的に説く。

文科系のための情報発信リテラシー
永崎研宣 著　A5判192頁
文科系の学生や研究者が，個人の研究等の情報をインターネットを用いて発信していく際の手引。WWWの基礎技術や法的問題・倫理的問題を解説し，人文科学系ウェブサイトの事例も豊富に紹介。

実践 情報科教育法
「ものづくり」から学ぶ
本多満正 他編著　A5判200頁
教職科目「情報科教育法」のテキスト。情報教育の現状や授業論を展開。さらに，情報技術の発展を支える「ものづくり」の重要性に着目し，ものづくりの視点による豊富な教育実践例を掲載。

ITで人はどうなる
人間重視の情報技術を
斎藤正男・川澄正史 著　A5判208頁
ユニバーサルデザイン，アクセシビリティ，コミュニケーションといった「人にやさしい」視点からITを見つめ直す。

＊定価，図書目録のお問い合わせ・ご要望は出版局までお願いいたします。
URL　http://www.tdupress.jp/